LE TEMPS DES PLÉNITUDES

GEORGES ROUX

LE TEMPS DES PLÉNITUDES

L'Age d'Homme

DU MEME AUTEUR

Révélation de la joie, Paris, Beauchesne, 1968.

Jeunesse sans déclin, Paris, Beauchesne, 1970.

Pari pour le bonheur, Paris, Beauchesne, 1972.

Mille pensées de sagesse, Paris, Albin Michel, 1991.

PRÉLIMINAIRES

Au cours de ses entretiens télévisés avec Jean-Claude Bringuier, journaliste, le solitaire de Ville d'Avray, Jean Rostand, a déclaré que l'évolution de l'homme est terminée depuis longtemps.

« L'homme n'en saura jamais plus qu'il n'en sait aujourd'hui sur les questions fondamentales. Du point de vue philosophique, il n'en sait pas plus que les Grecs et Monod ne lui apporte pas plus que Théocrite » dit Jean Rostand.

Avec tout le respect que nous devons à ce grand honnête homme de notre temps, qui nous a témoigné si souvent sa sympathie, nous tenons à préciser que si l'évolution de notre espèce est terminée, ce ne peut être que sur le plan biologique et sur le plan mental.

En fait, depuis des millénaires, l'homme ayant atteint le niveau de sa conscience mentale, augmente sans cesse ses connaissances sur ce niveau *mais ne le dépasse pas.* Sur ce plan comme sur le plan biologique, son évolution semble bien terminée.

Mais nous ne pouvons croire, pour autant, au déterminisme.

Nous pensons, au contraire, que l'homme est un être non fini, un être en cours de mutation, parce que nous considérons l'homme non seulement sur son plan organique et sur son plan mental, mais aussi sur son plan spirituel, c'est-à-dire *dans son ensemble et dans son essentialité.*

L'homme est encore inconnu de lui-même. Il n'utilise qu'une infime fraction de ses possibilités. Il a tout à découvrir de sa propre vie.

Dans cette optique, plusieurs interrogations se présentent à l'esprit :

Existerait-il une dimension de l'homme qui lui soit inconnue ?

Existerait-il en lui des états de la conscience qui ne lui sont pas encore révélés ?

Nous répondons *OUI* à ces deux questions.

Nous répondons *OUI* car nous savons, par les témoignages qui nous sont parvenus, aussi bien que par notre propre expérience, que la dimension spirituelle de l'homme existe et que les états de la conscience au-delà du mental, nous sont accessibles en des conditions particulières et précises qui vont être définies au cours de ce livre.

La réalité de leur présence nous est prouvée notamment *par les phénomènes d'Intuition et d'Inspiration* qui nous démontrent en effet que la conscience mentale peut recevoir la révélation d'une connaissance qu'elle ignore, *par une fulguration directe qui se manifeste entre le plan supérieur de la conscience et le plan mental.*

L'état d'Inspiration n'est pas un état exceptionnel ou mystérieux. Pour chacun de nous c'est — ou ce peut être — l'état naturel qui accompagne le temps du recueillement et de l'aspiration fervente.

A travers les siècles, des musiciens, des philosophes, des savants, des écrivains, et non des moindres, nous ont laissé, à ce propos, leurs témoignages qui ne prêtent à aucune confusion :

« Les chants m'ont fait, ce n'est pas moi qui les ai faits »

Goethe

« J'ai écrit mes poèmes sous la dictée immédiate, douze et parfois trente lignes à la fois, sans préméditation et même contre mon vouloir »

William Blake

« La description que j'ai faite d'Apollon m'est venue par hasard, ou par magie, comme si quelque chose m'était offert »

John Keats

« Dans mon imagination, je n'entends pas les parties en succession mais tout d'un coup...c'est un délice que je ne saurais décrire »

Mozart

« En composant, je tombe dans un délicieux état de rêve »

Wagner

« Dans un quart d'heure de méditation, j'ai vu et appris davantage que si j'avais passé plusieurs années de suite à l'Université »

Jacob Böhme

Abraham écoutait la voix des Elohims, Socrate était attentif aux silences de son daïmon. Il y eut, de tout temps, des hommes inspirés qui rendirent compte de leur inspiration.

Dans cette continuité du contact entre la Transcendance et eux-mêmes, ces hommes ont occupé une place privilégiée, due à la régularité de leur communion. Les résultats qu'ils ont obtenus dépassent de loin les progressions coutumières. Ils sont la gloire de notre humanité.

Les révélations qu'ils nous ont faites sont d'une extrême importance.

Nous insistons ici particulièrement sur le sens exact de ces révélations : découvrir ce qui existe et qui était jusque là invisible ; ce qui existe et que les aveugles ne voient pas, *le chant d'allégresse que les sourds ne sauraient entendre!*

D'autres phénomènes, moins élevés que celui de l'Inspiration, nous démontrent aussi la réalité des états supérieurs de la conscience.

Par exemple :

L'usage des hallucinogènes et des stupéfiants, que nous réprouvons vigoureusement parce qu'ils brutalisent la nature et se retournent ensuite contre elle. Les drogués ne connaissent qu'un « paradis artificiel » qu'ils appellent *« le voyage »*. C'est une incursion fugitive dans une euphorie qui les enchante et l' accession provisoire à un état de conscience exalté, supérieur à leur état de conscience normal, d'où ils reviennent de plus en plus anéantis.

La stimulation électronique du préfrontal et de l'épiphyse, qui provoque des états mystiques, un épanouissement de soi au-delà du mental, selon les travaux du Professeur Pierre Lubet, de la Faculté des Sciences de Caen et du Professeur Belgrado, de l'Université de Yale (U.S.A.).

Les ondes Alpha, qui produisent les mêmes effets et déterminent une sorte de super-calme. L'électro-encéphalographe révèle la présence des ondes alpha sur les zones corticales de tout homme en état de recueillement.

La vibration monocorde des chants tibétains (AUM), (que l'on retrouve dans les modulations terminales des hymnes latins) détermine souvent des états de sérénité extatique.

Mais nous tenons à souligner que ces divers phénomènes sont d'un ordre différent et ne sauraient être comparables à ceux de l'Inspiration ou de l'Intuition qui seuls *constituent la voix royale* permettant d'atteindre la réalité spirituelle qui *EST* dans l'homme.

La réalité spirituelle, *conscience de ce monde inespéré pour lequel l'homme est fait et qui est sa vraie vie,* ne peut pas être atteinte par un moyen matériel quelconque. Or, les hallucinogènes, la stimulation électronique, les ondes Alpha, la vibration chorale, même s'ils sont révélateurs de ce qui accompagne le recueillement mystique, restent sur les plans physiques et physiologiques.

De toutes façons, qu'il s'agisse de l'Inspiration ou des phénomènes précités, il s'agit toujours *d'une incursion fugitive dans une dimension inconnue de nous-même qui révèle ainsi son existence mais ne révèle pas encore, par ces moyens, son caractère essentiel d'immuabilité.*

Cette immuabilité existe-t-elle ?

Un état de sérénité immuable existe-t-il en chacun de nous ?

Pouvons-nous accéder à cette plénitude ?

L'homme est-il construit pour cette heureuse finalité : *prendre possession d'un état d'harmonie qui le transcende et qui est immuable en lui ?*

A toutes ces questions, nous répondons *OUI, OUI et OUI* parce que la constatation des résultats observables qui nous sont révélés par la pratique de la méditation et du recueillement justifient pleinement notre réponse.

Nous savons maintenant que les hommes ne sont séparés de leur plan supérieur que par une absence de moyens, un manque de ferveur, un manque d'élan vers la recherche des hautes et paisibles certitudes.

Nous savons aussi que notre réponse est celle qu'attendent les « pourquoi » et les « comment » que l'inquiétude humaine véhicule depuis des millénaires.

Pourquoi l'anxiété, pourquoi l'angoisse, pourquoi le malheur, pourquoi le monde violent, divisé et cruel, pourquoi la vie sans éclat dans les limites contraignantes d'un monde sans espoir ?

Comment atteindre la Paix intérieure d'une sérénité durable, comment accéder à un commencement de Plénitude, *comment retrouver en soi la Lumière perdue ?*

Comment justifier, à nos propres yeux, l'espérance d'un monde meilleur ?

Nous exprimons ici notre certitude.

Un état de Plénitude immuable, un monde inconnu, un monde meilleur, un monde inespéré, existent en chacun de nous.

Non seulement l'évolution de l'homme n'est pas terminée mais, à notre sens, elle est à peine commencée. Elle s'accomplit en ce moment même et chacun de nous, en ce qui le concerne, en est responsable.

Nous avons tout à apprendre sur les virtualités secrètes de notre nature. Nous avons tout à découvrir du monde meilleur que nous portons en nous.

La réussite de l'évolution sera la victoire de l'homme qui est à l'épreuve de sa liberté.

Par cette victoire, il se dégagera des bas niveaux matériels de ses convoitises élémentaires, accèdera à sa plus haute dimension, s'élèvera vers la Lumière de ses lointaines Plénitudes. La victoire de l'homme est de créer et de recréer sans cesse, à chaque pulsation de sa vie, la joie ineffable de s'épanouir dans l'harmonie de la Création.

Cependant, il faut bien reconnaître que l'homme d'aujourd'hui, matériellement incorporé à la turbulence de son temps, se réfère rarement aux possibilités d'accéder à une connaissance de cet ordre.

Il n'en reste pas moins vrai que, pour chacun de nous, le silence ouvre l'accès, en des conditions bien déterminées, à la dimension spirituelle de l'être inconnu que nous portons.

Comme il est écrit dans les Evangiles : « Le royaume de Dieu est en nous ». Mais, tant que cette parole reste abstraite, la présence réelle du Royaume intérieur n'est pas révélée et il ne se passe rien entre l'homme et sa Transcendance.

Or, la vérité est toujours la même : lorsque nous prenons conscience, en état de recueillement, que l'Esprit est en nous, que la Lumière est en nous, notre sens du sacré se réveille, se développe et s'épanouit.

Une communion sereine s'établit au meilleur de nous-même et nous révèle une dimension inconnue. C'est la rencontre au sommet, la rencontre de la grâce au plus pur de soi.

Nous avons appelé cette rencontre : *l'acte de ressourcement.*

C'est un acte de régénération que nous pouvons faire et que nous devons faire chaque jour si nous prenons véritablement soin de notre propre vie.

Il s'agit, en fait, de la régénération de nos réserves de courage et de notre potentiel d'ardeur ; mais *il s'agit aussi du renouvellement continu de notre certitude et de nos aspirations les plus ferventes.*

Ces aspirations nous portent, avec un robuste enthousiasme, vers le cycle actif de notre évolution, pour entretenir et fortifier son mouvement, pour dominer nos limitations, pour nous libérer des contraintes qui freinent notre accession à l'état permanent de sérénité.

Nous allons tenter d'indiquer dans cet ouvrage les moyens de franchir la porte étroite, *le seuil de Lumière,* qui commande l'accès à cette dimension supérieure de la vie.

Chaque fois que nous aborderons cette tentative dans son sens le plus fondamental, le tutoiement avec notre ami lecteur sera employé ; non par une fantaisie de rédaction, mais *comme un signal.*

Ce sera le signal que le recueillement devient nécessaire pour que l'âme soit à l'écoute, attentive, en condition de disponibilité et de réceptivité.

Ce sera aussi le signal indiquant que le texte devient support de réflexion et que le lecteur doit, *lui-même,* à partir de cette réflexion, *mener à bien l'exploration des états supérieurs de sa conscience pour découvrir en lui la sérénité immuable sur le plan d'harmonie qui fait partie de sa nature.*

Nous avons multiplié les alinéas pour mieux aérer le texte et nous avons multiplié les phrases en italique pour retenir au maximum l'attention sur les passages qui nous semblent essentiels.

Il se peut que certains ne saisissent pas tout de suite que ce livre n'est pas fait pour « distraire », c'est-à-dire pour aider à s'évader de soi, mais au contraire *pour se recueillir en soi, afin de mieux se découvrir soi-même.*

D'autres, même, pour aller plus vite et parce qu'ils manquent de temps, ne liront peut-être que les passages en italique...

Nous leur demandons, après ce survol rapide, de ne pas ranger le livre dans leurs oubliettes où il n'aurait plus aucune vertu.

Nous leur demandons de bien vouloir le reprendre, comme on reprend un livre d'étude et de le considérer comme un instrument de travail personnel, comme un support à leurs propres réflexions.

Lorsqu'ils seront convaincus des vertus du ressourcement, ils continueront peut-être leur lecture avec plus de lenteur et se rendront compte alors que *l'acte du recueillement, l'acte du discernement essentiel et l'acte de l'épanouissement sont des actes fondamentaux qui les concernent directement.*

C'est la qualité du lecteur, sa disponibilité, sa réceptivité, qui font, en définitive, la qualité de la sagesse reçue.

Le livre, lui, est ce qu'il est. S'il est porteur d'un enseignement et d'une sagesse, malgré ses insuffisances et ses imperfections, cette richesse offerte n'appartient qu'à ceux qui s'en approchent, qui se familiarisent avec elle et qui en prennent effectivement possession.

La première partie de l'ouvrage tend à démontrer que *la dimension* sereine de l'homme existe. Elle n'est pas inaccessible, elle est à la portée immédiate de son âme à chaque seconde de sa vie. Le monde meilleur auquel chacun aspire est déjà là.

La deuxième partie est consacrée à *l'approche de la porte étroite* qui sépare l'homme de cette dimension supérieure de lui-même. Nous définissons ici l'état de conscience préalable, l'état de disponibilité et de réceptivité qui est nécessaire à cette progression, puis l'état de pureté intérieure, puis l'élan qui monte de nos profondeurs, comme une aspiration fervente qui est notre vraie force.

Enfin, dans la troisième partie, c'est le passage effectif du seuil de Lumière, considéré comme l'événement le plus important qui puisse survenir dans la vie. Du point de vue de notre affectivité profonde, nous allons de la Paix à la sérénité joyeuse, en passant par la joie intérieure et le calme radieux en soi.

En cet état de pureté rayonnante, qui constitue un préalable propre à l'épanouissement, un fait se produit. Nous dirions « le bouchon saute », si cette image ne semblait pas trop vulgaire. Nous expliquerons qu'elle est cependant juste et, pour la faire mieux comprendre, nous ajouterons : c'est comme une fenêtre qui s'ouvre sur l'horizon, une ouverture qui libère, qui fait éclater les limites; c'est la naissance du jour où le premier rayon de la première aurore illumine de son éclat les nouvelles perspectives de la vie.

PREMIÈRE PARTIE

REJOINDRE L'ESSENTIEL

CHAPITRE PREMIER

LA DÉCOUVERTE EN SOI D'UN MONDE INESPÉRÉ

L'univers inattendu

Dans son ouvrage *The unexpected Universe*, Loren Eiseley, anthropologue à l'Université de Pensylvanie, rend compte des réflexions qui lui furent inspirées par l'observation d'une araignée géante à l'affût au centre de sa toile.

« Au regard de cette araignée, écrit-il, tout ce qui est étranger à son univers ne peut être qu'irrationnel, incompréhensible, bon seulement à lui fournir la matière nécessaire à sa survie.

Cette araignée est en quelque sorte le symbole en miniature de l'homme, installé lui aussi au cœur d'une toile qui ne cesse de s'étendre à travers le temps et l'espace. Le télescope du mont Palomar, tel un œil gigantesque, lui permet de voir à des millions d'années-lumière. Les antennes radio-astronomiques lui font entendre la voix étouffée de galaxies encore plus éloignées. Cette toile-là, il a été sur terre la première créature à la tisser. Et maintenant à l'instar de l'araignée, il en occupe le centre et se tient à l'écoute.

Mais, à quel monde alors appartenons-nous, qui existe au-delà des limites de notre perception ?... »

Une réflexion similaire, qui aurait pu motiver la même question, a été formulée par Charles de Foucauld : « La science ne fait qu'agrandir notre cage, elle ne l'ouvre pas! »

La même observation peut être faite à propos du coquillage enfoui au sein de l'Océan : son petit univers est séparé de l'immensité marine. Que sait-il de l'élément qui l'entoure et qui lui donne vie ?

Quant à la chrysalide, enfermée dans la nuit de son cocon de soie, quelle connaissance pourrait-elle avoir de l'espace aérien qui sera le sien lorsqu'elle accèdera à son état de papillon ?

Toute la Création semble être faite d'univers superposés et l'Homme lui-même, qui est peut-être sa créature la plus perfectionnée, ne vit-il pas encore dans le monde clos de ses trois dimensions au sein d'un autre univers qu'il ignore ?

Par cet ensemble de questions notre attention est attirée sur les limitations dans lesquelles se déroule la presque totalité de notre vie et, plus précisément, sur l'existence réelle d'un monde parallèle, en expansion continue, dans lequel nous ne faisons que des incursions fugitives.

Or, depuis les temps les plus reculés de notre humanité, des hommes de qualité — penseurs, méditants, mystiques, religieux, philosophes — ont témoigné de leur accession intermittente à leur dimension spirituelle.

Avec une continuité qui devrait retenir l'attention de tous, ils ont rendu compte du fait que les quelques périodes où ils ont franchi le seuil de leur dimension supérieure, ont été les plus importantes et les plus riches de leur vie!

L'objectif principal de ce livre est de montrer que le franchissement du seuil de Lumière n'est pas réservé à quelques sujets clairvoyants inspirés ou simplement voués à la Sagesse. Il fait partie de notre condition d' homme. Il est, de ce fait, à la portée de chacun de nous.

Loin d'être une possibilité accessoire de notre espèce, ou une performance aventureuse, ou encore un privilège, *il est en réalité notre raison d'être, la finalité essentielle de notre évolution, ce pour quoi, très exactement, la vie nous a été donnée.*

Ce qui est téméraire

Dans l'optique du monde dit «civilisé», en cette fin du XXe siècle, le monde meilleur, dont nous annonçons la possibilité, paraît hypothétique.

Ce monde meilleur, auquel chacun aspire sans y croire, est un vieux rêve de l'humanité. Pourquoi ce vieux rêve a-t-il suscité une espérance toujours déçue ?

Simplement parce que les tentatives qui ont été faites pour améliorer le monde se sont appliquées à la collectivité. Or, vouloir améliorer l'humanité, c'est-à-dire l'ensemble des hommes, sans améliorer la qualité de l'Homme, est une utopie : le monde ne deviendra meilleur que si chacun des hommes *est meilleur*.

C'est pourquoi nous nous attachons, en ce livre, à démontrer que l'homme peut s'améliorer considérablement *par la culture des états supérieurs de sa conscience*. Nous parlons alors d'un nouvel Homme, d'un Homme meilleur qui sera le créateur du nouveau monde.

L'Homme de ce rayonnement peut se révéler à chaque instant en chacun de nous, prêt à transposer ses vertus dans la réalité pratique de la vie.

De sorte que chacun de nous peut se trouver soudain concerné, intéressé et peut-être même passionné par les virtualités qu'il recèle et le grand Œuvre qui s'offre à ses activités.

Annoncer un monde meilleur, éclairer le Destin de chacun d'une nouvelle espérance, indiquer les moyens d'accéder à un état supérieur de la conscience, révéler à l'homme une dimension de lui-même qui lui est souvent inconnue, l'orienter vers la possession effective de son harmonie, de sa Lumière et de son allégresse, tel est le sens de notre démarche.

Dans un monde qui se spécialise de plus en plus dans les progrès technologiques, il va de soi qu'une démarche de cet ordre apparaît non seulement comme audacieuse et inutile mais aussi comme téméraire.

Ce qui ne nous empêche pas de la poursuivre!

Car, ce qu'il y aurait de plus téméraire, donc de plus inconsidéré à nos yeux, serait de ne pas la faire.

En effet, quelle incroyable témérité est celle qui consiste à vivre dans l'ignorance des mobiles et *des raisons d'être qui justifient la vie!*

Cette ignorance conduit périodiquement les hommes vers leur malheur et les sociétés vers leur décadence.

La décadence actuelle, malgré le paroxysme de misère morale qu'elle détermine, n'est pas irréversible. L'homme de bonne volonté n'a pas disparu; il est simplement abusé par les apparences, aux prises avec les contradictions internes de l'espèce et son aveuglement provisoire *ne détruit absolument pas sa capacité d'évolution.*

C'est pourquoi notre démarche n'est pas inconsidérée. Elle est aventureuse, certes; mais *elle constitue une aventure exaltante dans la mesure où elle peut conduire à un épanouissement de la vie.*

Ce qui est téméraire ou inconsidéré, c'est marcher dans la nuit sans guide, sans objectif et sans lumière; c'est vouloir se connaître et connaître le monde en explorant seulement les apparences matérielles de l'existence; c'est croire que l'on peut *VIVRE* sans paix intérieure, sans bonheur et sans joie!

Tout au plus, en cet état difficile, peut-on durer.

Il faudrait des termes différents pour désigner la vie inquiète de celui qui croit disposer seulement d'un corps organique, périssable, voué au néant et *la vie épanouie de l'homme qui prend possession de sa dimension sereine au sein de l'éternité.*

Ce qui est téméraire, à notre sens, c'est de ne pas suivre la voie montante de notre évolution naturelle et de se désintéresser de soi au point d'ignorer *l'essentiel de soi-même!*

Ce qui est téméraire c'est se disperser continuellement et se perdre ; c'est se refuser au recueillement et refuser ainsi ses chances de salut ! C'est laisser s'éteindre la Lumière en soi, s'insurger contre l'harmonie originelle que chacun porte en lui et se plaindre ensuite de tant de fautes accumulées contre soi-même.

Le consensus enthousiaste

L'espèce humaine est impure, sujette au mal et sujette au malheur. Elle est violente, égoïste, orgueilleuse, cruelle, capable à l'occasion de tous les excès et, dans les cas extrêmes, d'une fulgurance d'anéantissement.

Cependant, nul ne serait sensible au chant des oiseaux ni à tous les chants de la nature si nul ne gardait, profondément enfouie, la pureté de son âme d'enfant!

Plus rien d'ailleurs ne chanterait en personne depuis longtemps s'il n'existait un idéal refuge aux lieux impollués de l'âme.

L'idée même qu'une Lumière pourrait chanter en soi paraîtrait aberrante.

Mais il existe *en tous les êtres* un point de pureté, une fraction de vie à l'état pur sans laquelle la vie n'existerait pas.

Lorsqu'il s'agit de garder cette pureté, d'en prendre conscience ou de veiller sur elle, il s'agit de la conservation même de l'espèce et de sa dignité.

Nous servons le bonheur des hommes dès que nous leur disons : prenez soin de votre pureté si vous voulez prendre possession de votre Lumière.

Oui, si vous *VOULEZ !*

Car, si vous ne donnez pas votre consentement, personne au monde ne pourra rien, ne pourra plus rien, pour vous.

Votre consentement est nécessaire.

Si vous avez des raisons particulières, se rattachant à une idéologie, pour le refuser, il serait bon, *pour vous* que vous sachiez pourquoi et au profit de qui. Ce serait là un exercice salutaire...

Lorsqu'il ne s'agit pas d'un consentement superficiel, donné du bout des lèvres et comme à regret, l'expérience du consentement est exaltante. Nous parlons ici du consentement enthousiaste à l'aspiration fervente : *le consensus à l'épanouissement!*

Celui qui exprime, dans la réalité vivante de l'homme, *son ouverture à l'harmonie plénière du monde!*

L'élan irréversible qui peut le porter vers les cimes ne peut prendre appui que sur les fondations granitiques de son propre consentement.

Nous insistons sur ce point car, si nous n'y insistions pas, certains pourraient continuer à croire que leur évolution peut se faire sans eux et s'accomplir sans qu'ils y participent activement.

Pax in terris! Paix aux hommes de bonne volonté!

Mais la bonne volonté *c'est le consentement au bonheur.* C'est ne plus refuser la Lumière, ne plus refuser la Paix en soi, ne plus attirer sur soi, sur ses proches et sur sa maison l'escadrille des oiseaux noirs messagers de malheurs.

C'est le consentement enthousiaste de la pure et bonne volonté qui porte l'homme en avant!

L'espoir d'un monde meilleur

Nous croyons à un monde meilleur dont l'immanence sera fonction de la pureté des aspirations humaines.

Contrairement à ce qu'affirment les pessimistes, ce monde meilleur n'est pas utopique : il existe depuis longtemps, il est en nous, il est là parmi nous, présent à toutes les naissances et à toutes les morts.

Comme le jour sort de la nuit à chaque aube nouvelle, l'Homme nouveau sort de sa coque d'ombre dès qu'il aspire à sa Lumière!

Il appartient à chacun de nous de prendre possession de sa magnificence.

Le monde pour être meilleur a besoin d'un hymne à la joie qui lui révèle son allégresse.

Le monde, pour être meilleur, a besoin d'un idéal généreux et de comprendre qu'un idéal de convoitises le conduit aux pires détresses, comme le prouve son histoire.

Il a besoin d'une qualité de conscience, d'une qualité de Lumière et d'une qualité d'Amour.

La lumière grise de l'hiver, comparable à la froide lumière de l'homme sans espoir, n'est pas la même que celle des matins d'Orient ; mais la Lumière intérieure, inépuisable en nous, que nous pouvons découvrir à chaque instant, dépasse de très loin, en sa radieuse harmonie, tout ce que nous pouvons espérer!

Chacun porte en soi une perfection d'harmonie. Il y a, dans la pureté originelle qui nous a été donnée avec la vie, une perfection de bonheur. N'est ce pas là, pour ceux qui en prennent conscience, le germe de tous les espoirs, qui deviendra la vie de nos certitudes, au sein de nos méditations ?

Il peut paraître paradoxal, à notre époque, d'écrire que nous avons tout à apprendre et que tout reste à découvrir en ce qui concerne la Connaissance de soi.

Pourtant, *notre richesse intérieure reste inexploitée, inexplorée et totalement perdue si nous ne prenons pas conscience de sa présence, si nous ne prenons pas possession de sa réalité.*

Car la Lumière est en nous.

Elle rayonne de toute sa splendeur, sur le champ de notre pureté originelle et nous dispense l'abondance de son allégresse.

Nous restons souvent vides et désemparés, par absence d'élan, par manque de ferveur et d'aspirations, si nous sommes fermés à ce rayonnement.

Accueillir en soi la sagesse transcendantale, accueillir en soi la joie pacifiante de notre Lumière intérieure, c'est la régénération de la vie et l'épanouissement de l'homme vers son plus haut Destin.

C'est aussi le sujet de ce livre.

Nous sommes ici en face d'un choix décisif, et pour notre libre arbitre, c'est l'heure de vérité.

Ce choix n'est pas une option aux conséquences futiles. Il affirme une orientation dont dépend la qualité de la vie.

Ne pas accueillir la Sagesse, par indifférence, par habitude ou par ignorance, stérilise les possibilités évolutives et fixe l'être sur ses niveaux élémentaires.

Ce choix négatif est bien, semble-t-il, le seul péché impardonnable contre l'Esprit, le seul que l'Esprit ne puisse *effacer* tant que la conscience, en sa totale liberté, ne prend pas l'initiative bienheureuse d'aspirer à la Lumière.

Accueillir en soi le rayonnement de la Transcendance métamorphose la vie, lui donne sa grandeur, son harmonieuse beauté et l'éclat de son éternelle jeunesse.

Etre en Paix, garder en soi la permanence d'une sérénité joyeuse, de l'aube jusqu'au crépuscule et durant la nuit des étoiles, c'est la tentative que nous allons faire ensemble, pour accéder à cette vie ardente qui est en nous.

Nous allons tenter de découvrir ensemble la dimension d'harmonie et d'amour avec sa plénitude de vie qui nous est immensément offerte.

Nous allons tenter de découvrir ensemble, par une ascèse clairement définie, la sérénité immuable en nous, l'allégresse inconnue et la grâce qui transcende la vie.

Rien, sur cette Terre, quelle que soit l'optique où l'on se place, n'a autant d'importance, nous semble-t-il, que la découverte en soi de ce monde inespéré!

Une orientation nouvelle de la conscience

Pour que ce Monde meilleur nous révèle sa présence, il convient à chacun de nous d'être attentif, recueilli, éveillé intérieurement à sa Lumière.

Il s'agit, en fait, *d'une orientation nouvelle de la conscience.* Au lieu de se disperser continuellement sur les multiples objets qui monopolisent son activité, *elle doit garder sur l'un de ses points hauts et par l'exercice d'une réceptivité optimale qui s'acquiert par le recueillement, un contact intermittent avec la sérénité immuable qui la transcende.*

Cette réceptivité dont nous faisons état n'est pas une fonction surnaturelle. C'est une fonction oubliée, qui s'est simplement atrophiée par le non-usage.

C'est *une fonction endormie,* dont la carence provoque, à la longue, la torpeur spirituelle ou le vide spirituel et maintient la conscience dans le monde clos de sa nuit.

Elle végète ainsi, dans l'ignorance de ses plans supérieurs et s'agite, sur ses bas niveaux, indifférente à ses plus hautes virtualités.

C'est dans ce sens que l'on entend dire souvent que l'homme n'utilise qu'une infime partie de ses moyens.

Ne conviendrait-il pas de sonner le tocsin, de donner l'alarme, pour réveiller ceux qui dorment aux abysses de leurs propres ténèbres, *pour qu'ils s'éveillent à la Lumière de l'Esprit, pour qu'ils s'éveillent à leur nouvelle liberté, pour qu'ils prennent enfin possession de leur vie ardente et s'éveillent à la grâce.*

De ce mouvement de la Conscience qui s'éveille, chacun ne peut rendre compte qu'en se référant à sa propre expérience. Et cette expérience, ami lecteur, tu peux la faire avec nous, en ce moment même, si tu décides de t'associer à notre démarche.

En ce cas, tu constateras bientôt, lorsque tu es en état de recueillement, qu'une plénitude d'harmonie t'investit et dépasse, avec une ampleur inconnue, toute notion d'immensité.

Prends conscience maintenant *de cet éveil que tu vis.*

Ce n'est pas un réveil brutal ou pénible. Tu es tiré d'un état second et tu ne sais pas encore si c'est un chant d'oiseau, un rai de lumière ou le sourire de l'ange qui t'a donné le signal...

Mais te voici, pour une fois, en état de réceptivité fervente, *ouvert à la Lumière omniprésente qui est en toi.*

Tout va se jouer, pour ton Destin, dans les heures qui vont suivre ; car tu peux encore soit céder à ta pesanteur et joindre tes niveaux élémentaires, soit prendre ton élan vers les cimes, ouvert à la poésie du monde, ouvert aux splendeurs du monde nouveau qui devient perceptible à la pureté de ton regard.

En cette dernière et heureuse conjoncture, pour consolider ta victoire, reste éveillé en harmonie avec toi-même, ouvert à la grâce pour accueillir avec amour ce commencement de Plénitude.

Tu es maintenant comme l'enfant qui vient de naître, qui a tout à apprendre et qui apprend le Mouvement essentiel : celui qui entretient et régénère la vie.

Cet acte de régénération a la même importance pour la vie spirituelle que l'acte respiratoire pour la vie organique.

Parce qu'il est inconnu du nombre et pratiqué seulement par un infime minorité, la vie spirituelle est restée embryonnaire à travers les siècles. Tu comprends ainsi pourquoi malgré toute l'intelligence dont il dispose pour augmenter ses connaissances et améliorer ses conditions de vie, l'homme semble se désintéresser de son salut, c'est-à-dire de son épanouissement et de son bonheur.

Ce qui freine encore plus son évolution dans le sens de cet épanouissement, sur l'impasse d'étranglement où elle s'est ralentie, c'est que l'ignorance des êtres s'accompagne d'une négation et, par voie de conséquence, d'un refus.

Or, en ce domaine, plus encore qu'en tous les autres, aucune progression ne peut se faire sans l'adhésion intérieure, sans une confiance plénière en la même orientation.

Aucune sérénité durable ne peut être acquise sans la bonne volonté persévérante de comprendre et d'aimer : *comprendre que chacun de nous est porteur de Lumière, aimer passionément cette Lumière, de tout notre élan, de toute notre ferveur ardente.*

Pauvres sont les tièdes. Heureux sont les ardents.

C'est ici que commence ta grande Aventure si tu es résolu à progresser ardemment vers la Vérité. C'est à partir d'ici que vont s'élargir tes perspectives, que va se fortifier ton élan et s'intensifier ta possession.

Tu commences la longue marche sur la voie montante où, cessant de piétiner, *ton avance se fait épanouissement et se fait dans l'ordre.*

Tu es en progression rectiligne sur un terrain sûr et cette progression exaltante satisfait tes aspirations, encourage ton élévation contre vents et marées.

Ta conscience prend possession de sa nouvelle dimension et s'accoutume à l'émerveillement.

CHAPITRE II

CONSEIL POUR LES JOURS DIFFICILES

Nous sommes les assassins de notre propre vie tant que nous n'avons pas découvert en nous les raisons de l'espoir .

Une tristesse banale

Une tristesse banale marque, chez les êtres tourmentés de leur néant, l'arrêt provisoire de leur évolution.

Même lorsqu'ils donnent l'apparence d'un enjouement de surface, les hommes sont tristes et froids *intérieurement.*

Il n'est que de regarder autour de soi pour s'en rendre compte et d'observer le visage des foules.

Nous qualifions cette tristesse de *banale* parce qu'elle est généralisée, uniformément répandue et devenue si familière à l'homme qu'elle semble faire obligatoirement partie de sa nature.

Or, cet état d'asthénie correspond à une torpeur de la conscience, à une grisaille de l'âme qui n'est pas un état naturel ou fatal.

Ce qui serait naturel, si l'homme évoluait au-dessus de sa superficialité, c'est l'état d'harmonie, d'épanouissement, d'allégresse et de plénitude.

Dans l'état actuel des choses, au point où nous en sommes par rapport à l'évolution de l'espèce, l'état d'allégresse est tellement exceptionnel, tellement ignoré par le Nombre, qu'il est généralement considéré comme illusoire par les meilleurs analystes de ce temps!

Considérant qu'il s'agit là d'une appréciation erronée de notre condition, nous protestons contre ce défaitisme stérilisant qui refuse le combat de la vie et ne connaît pas l'existence des véritables ennemis de la vie.

Parmi ces ennemis, le plus redoutable est celui de l'ignorance de notre richesse intérieure. C'est l'ignorance de celui qui renonce par avance à toute possibilité de plénitude et trahit ainsi son propre destin.

Il va de soi que cette *renonciation* engendre une tristesse qui paraît être sans cause... car, pour y échapper les hommes se refusent systématiquement à la regarder en face!

D'après le plus grand nombre, il faut s'occuper, s'étourdir ou se distraire, pour échapper à l'ennui.

Echapper à l'ennui veut dire, selon nous, *échapper au malaise que constitue la conscience du néant.*

C'est pourquoi on voit tant de foules innombrables qui fuient, de plus en plus vite sur les routes, sur les mers et dans les airs, puis reviennent avec la même soif, sans avoir amélioré leur sort, parce qu'elles se fuient elles-mêmes et partout se retrouvent identiques.

Il en est, quand on leur parle de silence et de recueillement, qui réagissent comme si on les brûlait au fer rouge ; car la vieille blessure qui les tourmente saigne intérieurement, entretenant l'inquiétude et l'angoisse corrosive qui génère tant de maux incurables...

En cet état de tension, de défiance et de non-épanouissement beaucoup d'hommes généreux se trompent de chemins et, pour animer leur recherche d'un mieux être, se lancent à corps perdu sur d'inutiles champs de bataille où se concentrent et se confrontent les appétits d'une humanité sans grandeur.

Ils n'y trouvent que hargne, colère, révolte, violence et, pour finir, amertume profonde liée au pesantes actualités dont le monde souffre, dont le monde meurt.

Ce monde deviendrait-il jamais meilleur si les sages n'intervenaient parfois et si une minorité, éprise de véritable Culture, ne l'orientait fermement vers la solution radieuse qui lui est offerte depuis toute éternité.

Nous insistons sur *la tristesse banale* qui caractérise un état de difficultés psychiques, dans la grisaille de l'ennui.

Il y a, certes, des exceptions; mais il faut bien se rendre compte que, d'une façon générale, *faute de se référer à l'Essentiel,* les êtres s'ennuient ou se confinent dans la crainte de l'ennui.

Pourquoi croyez vous que des millions d'individus, sur cette planète, se droguent ou se suicident ? Sinon parce qu'ils ont touché le fond de l'impasse, donc du désespoir où ils se sont fourvoyés.

La psychanalyse du suicidé — ou du drogué, ce qui revient au même car il est en instance de suicide — donne lieu à la même observation : *le naufragé de la vie n'a jamais connu la moindre joie intérieure.*

Comment pourrait-il croire à la vie, comment pourrait-il avoir confiance en la vie, puisque sa propre vie est désertique, morne et désespérée, telle qu'elle pouvait être dans le chaos des glaciations quaternaires ?

Accepter l'épreuve

Sous des formes infiniment diverses, chacun de nous, quelle que soit sa condition, a sa part d'épreuves dans la vie et *c'est au temps de l'épreuve que chacun a besoin de courage.*

Il n'est pas bon de redouter l'épreuve ou de la fuir. Nous lui donnons sa véritable signification si nous l'acceptons telle qu'elle se présente : comme le moyen de montrer ce que nous savons faire, comment nous sommes capables de l'affronter et la performance que nous pouvons accomplir en la traversant.

C'est notre comportement durant l'épreuve qui a le plus d'importance, non l'épreuve elle même.

Ceux qui redoutent les épreuves de la vie sont, par avance, désarmés contre elles. Ils sont un peu comme un coureur de marathon qui se plaindrait de la longueur du parcours, chercherait à prendre des raccourcis ou à faire la pause dans un coin d'ombre! Il serait disqualifié de la compétition sportive, tout comme celui qui fuit ses responsabilités en présence des épreuves qu'il doit surmonter, est disqualifié de la vie.

Ne sont accablés que les faibles, ceux qui veulent bien l'être, ceux qui baissent pavillon à la moindre alerte, ceux qui sont inconsistants et sans courage, ceux qui se trahissent eux-mêmes par leur abandon parce qu'ils trahissent ainsi les lois de la condition humaine.

Nul n'est jamais abattu s'il ne se laisse abattre.

Contre vents et marées, redressons-nous intérieurement. Faisons face et tenons tête, pour que notre attitude résolue de résistance, de courage et d'ardeur, nous donne une position de force.

Une leçon de sagesse émane toujours de l'épreuve que nous subissons. C'est pourquoi les désagréments qu'elle nous apporte sont mineurs. Nous devons les accepter avec patience et les regarder même, quand nous le pouvons, d'un œil favorable car c'est grâce à eux que nous découvrons en nous *la source de courage* dont nous avons besoin.

Ami lecteur, c'est à l'occasion des heures difficiles que tu rencontreras fatalement de temps à autre, *que nous allons t'aider à mieux être.*

Tu percevras l'efficacité de cette aide si tu mets en relief, à l'intérieur de toi-même les recommandations que voici :

Lorsque tu vois affluer vers toi les discordances, qui généralement se présentent en troupeau, prends le temps d'écarter, l'une après l'autre, les pensées maléfiques qui convergent vers le premier plan de ta conscience et majorent leurs effets dans la mesure où tu ne les domines pas.

Ne te laisse pas envahir par leur influence négative.

Refuse avec fermeté le doute et l'inquiétude.

Reste convaincu que c'est de ta vie intérieure que vient le secours.

Certes, tu es souvent accablé par des préoccupations diverses, tu as des situations délicates à éclaircir, des affaires ennuyeuses à régler, un devoir pénible à accomplir, des dispositions à prendre que tu trouves envahissantes...

Mais elles ne sont envahissantes que si tu te laisses envahir par elles.

Or, tu es là précisément pour te libérer des contraintes, mettre de l'ordre dans tes activités intérieures et extérieures.

Quelles que soient les circonstances, ton ordre intérieur est, *seul, important* car il détermine la qualité de tes décisions et la qualité de leurs résultats.

C'est la pratique du recueillement qui assure l'ordre en toi.

En quelques minutes de cette discipline, te voici disponible, calme et réceptif. C'est alors que s'exerce, en ton pur silence, le discernement de possibilités nouvelles que tu ne soupçonnais même pas.

C'est ainsi que l'acte du recueillement, dont nous étudierons plus loin le processus, te met dans les conditions de sérénité qui te sont nécessaires pour accepter les heures difficiles.

Traverser l'épreuve

Nous sommes partis pour un très long voyage et, parce que la route sera longue, nous ne pouvons pas garantir qu'elle sera toujours facile.

Nous t'incitons, dès maintenant, à la mesure et à la prévoyance pour que tu maintiennes *tes réserves de vie intactes.*

Tu ne dois pas être pris au dépourvu : tu dois faire des provisions de force, des provisions d'espoir, avoir surtout une confiance plénière en ton plus haut Destin.

Ne lutte pas contre la montre car, contre toutes apparences, tout le temps t'es donné. Il te sera toujours donné tant que tu garderas l'orientation vers ton étoile, au-delà du monde clos que tu quittes progressivement pour *être,* dans le sens le plus élevé du verbe, sur la rive enchantée où s'épanouit ton devenir.

Décontracte-toi, sois à l'aise dans ta progression et sois positif, c'est-à-dire : reste en harmonie avec ta vérité, *sois le sourire de l'instant,* exalte en toi tes plus hautes raisons d'être pour que les valeurs essentielles dominent en ta conscience.

Et n'oublie pas : si tu venais un jour à manquer de courage, retrouve aussitôt la leçon magistrale que tu reçois à profusion au cours de ton recueillement.

Sais-tu que certains hommes, perdus dans le fouillis des choses vaines, seraient prêts à courir au bout du monde, à dépenser une fortune ou à risquer de grands périls, pour avoir le privilège de connaître cette vérité infiniment précieuse qui t'es livrée, à domicile, dans le silence pathétique de ta méditation ?

Ceux d'entre nous qui sont déjà les adeptes fervents de la méditation et du recueillement, savent bien qu'ils ne sont pas pour autant délivrés des désordres organiques, ni exonérés des contrariétés qu'imposent les circonstances ; car sur notre Terre d'épreuves, l'épreuve est pour tout le monde.

Cependant, l'homme du recueillement prend conscience, au fil des jours, d'une réalité extrêmement importante que voici : *quelle que soit l'intensité de l'épreuve qu'il subit, la qualité de son recueillement reste identique et son potentiel de ferveur ne change pas.*

Ce qui démontre bien qu'il existe en lui un *plan d'harmonie immuable*, au-delà des turbulences de la vie.

De plus, lorsqu'il accède, même par intermittence, à ce plan d'harmonie, les discordances extérieures s'atténuent, les contradictions internes disparaissent, la paix est déclarée en lui et, même si tout n'est pas encore parfait, *tout est déjà beaucoup mieux!*

Nous insistons ici, ami lecteur, pour que tu prennes possession de cette réalité.

Elle doit te satisfaire et tu ne dois pas attendre plus qu'il ne t'est donné.

Ce qui retarde souvent ton avance et cette prise de possession, c'est qu'à ton insu tu attends toujours *AUTRE* chose.

Or, tant que tu n'auras pas dépassé le stade de l'attente, tu seras, d'une façon ou d'une autre, en désharmonie avec toi-même.

Le sage n'attend plus rien lorsqu'il est en harmonie avec l'Essentiel.

Comprends bien, une fois pour toutes, que ta satisfaction plénière est intérieure, qu'à l'intérieur de toi se résolvent tous problèmes, et s'apaisent tous conflits et que toutes solutions heureuses se présentent, lorsque, précisément, tu ne les attends plus.

Ce qui arrive ou n'arrive pas ne dois pas te préoccuper.

Evidemment, tant que tu n'es pas suffisamment ancré sur ta plage d'harmonie, les contre-temps t'affectent; mais il s'agit, *de ta part*, d'une attitude provisoire par laquelle tu renonces à tes prérogatives dominantes et témoignes encore un manque de confiance en ta sagesse.

Dis-toi bien que tu ne peux rien, pour le moment, contre l'instabilité des êtres et des choses et que, de ce fait, tu n'as pas à t'en formaliser. Tout sera mieux demain.

La nature imparfaite de la condition humaine n'est fidèle qu'à ses imperfections tant que l'on n'a pas fait ce qui faut faire pour les combattre; mais *nous te donnons ici la certitude que tout est parfait sur ton plan d'harmonie.*

Ta raison d'être est de t'y maintenir.

Lorsque tu te donneras l'ordre de *VIVRE DANS L'ESSENTIEL*, les circonstances qui te semblaient fâcheuses ne t'importeront plus.

Ainsi se terminera la guerre d'usure qui trouble encore, de temps à autre, ta sérénité.

Durant cette libération paisible dans l'harmonie, qui accompagne la traversée de l'épreuve, ton nouvel état de conscience se définit par une ouverture ordonnée et exaltante qui correspond à *une maîtrise de ton épanouissement.*

Certes, cette maîtrise est encore rudimentaire. Disons que c'est plutôt une tentative de maîtrise et qu'en cette tentative, ton expérience connaît des fortunes diverses.

Tu n'as pas à t'en émouvoir. Ce qui importe maintenant, c'est d'être constamment orienté vers ta recherche, en ce nouvel état d'harmonie dont tu connais la réalité, la présence et l'immanence.

Tu te souviendras plus tard de l'intermittence de tes approches mais aussi de la confiance et de la persévérance qui ne t'ont jamais fait défaut.

Certes, tu rencontres sur ton parcours des masses orageuses ; mais tu traverses l'épreuve sans dommage, sachant bien qu'au-delà de ces perturbations, le ciel de ton Destin garde son radieux éclat.

D'ailleurs tes incursions dans le monde meilleur que tu découvres se font de plus en plus fréquentes et, pour le moment ta maîtrise consiste à prolonger sensiblement leur durée puis à prendre une claire conscience de ton épanouissement partiel.

Ce qui différencie la Terre du Paradis sur laquelle tu abordes, des « paradis artificiels » que tu condamnes, c'est que ces derniers ne se situent pas sur le même plan.

Ils exercent leur influence sur le plan organique et sur le plan mental, au détriment de l'équilibre de ces plans. Ils interviennent pour forcer la nature, qui n'aime pas être forcée.

Par contre, sur le plan spirituel, la satisfaction reçue ne se retourne pas contre la vie ; *elle oriente la vie vers un épanouissement continu.*

C'est pourquoi tu ne t'écarteras jamais du chemin de Lumière.

Ce n'est pas le plus facile ; mais c'est le plus sûr et le plus glorieux !

Un lent mûrissement se fait en toi, au cours de ta lente approche, précisément quand tu traverses l'épreuve.

Le nouvel état de ta conscience, dont tu perçois en toi, en cet instant même, la réalité vivante, *est déjà ton idéal refuge.*

Dominer l'épreuve

Tu domines l'épreuve lorsque tu ne traînes derrière toi aucune préoccupation dirimante, lorsque tu n'acceptes plus aucun désordre en toi.

Certes, les discordances existent partout dans le monde et se font parfois agressives; mais *c'est précisément à leur contact que se joue et se manifeste ta liberté.*

Ne pas te mêler à ces discordances, rester étanche, imperméable à leur influence négative, ne pas revenir au monde clos des affrontements dérisoires, telle est ta règle d'or.

Tu resteras ainsi sur ton plan d'harmonie, inaccessible à la pollution, exonéré d'une excessive dispersion, n'attendant rien des superficialités de la vie, centré sur l'essentiel, *puisque tu reçois TOUT de ton plan de Lumière.*

L'ancrage sur ta plage d'harmonie est une nécessité impérieuse à laquelle tu dois donner tes meilleurs soins, pour que la vague de ferveur qui naît de toi, te porte sans cesse vers les cimes.

Prends conscience, chaque matin, du merveilleux événement : *le jour que tu vas VIVRE devient, par l'amour et l'élan de ton cœur, le jour de ta plénitude et le plus beau jour de ta vie.*

Par cette harmonie intérieure que tu atteins et que tu aimes, tu lui confères la beauté, la grandeur et la grâce. Tu es le créateur de sa haute vertu.

Mais ce plus beau jour du monde n'existe qu'à travers toi. Il n'existe qu'à travers ceux qui peuvent s'élever au meilleur d'eux-mêmes, ouvrir leur bras, ouvrir leur âme, s'ouvrir de toute leur ferveur à sa réalité.

Sinon, c'est un jour perdu, comme la lumière perdue, comme tout est perdu lorsque l'amour n'existe pas et que le regard se ferme, comme si l'homme, renonçant à son élévation, rentrait dans la tombe de sa nuit.

Ne renonce jamais.

Quelle que soit la façon dont tu regardes ton problème, ta victoire est faite de compréhension, d'amour et d'enthousiasme pour la vie.

Aime l'heure qui passe et ne te préoccupe pas du lendemain ; pas plus que de l'avenir de ton âme au-delà de ta mort. Tout ce qui le concerne te sera révélé dans un autre temps et dans une autre dimension.

Ce que tu as à faire c'est ici et maintenant que tu dois le faire *«car la vie est un mouvement qui ne recommence jamais ».*

Vis intensément le jour qui t'es donné de vivre. La qualité de ta vie, faite d'élan et de ferveur importe seule.

Nous reconnaissons avec toi que ta progression ne se fait pas sans encombre. Il y a parfois de mauvais moments, des passages à vide, durant lesquels rien de ce que tu espères ne se produit et rien n'arrive de ce que tu attends.

Si cela peut te rassurer, sache que chacun de nous a eu *sa traversée du désert.*

Lorsque tu observes une interruption dans ta progression et que les obstacles se multiplient, garde intacte ta confiance. Fais le gros dos devant l'orage si orage il y a. Reste à l'abri dans ton idéal refuge et garde ton espérance sereine.

Lorsque reviendra l'accalmie et que ta route sera dégagée, tu verras, au loin, les perspectives du bonheur qui t'accueillent.

Alors seulement, tu iras de l'avant car, s'il convient de ne jamais se presser, *il convient aussi de ne progresser que dans la joie.*

Attendre patiemment l'heure, ce n'est pas attendre. C'est *être* plus disponible, pour faire ce qu'il faut faire, au moment où il faut le faire.

Lorsque tu as besoin d'encouragement, puise en toi le courage qui t'est nécessaire. Pour cela *augmente le temps de ton recueillement.* Plonge aux abysses inconnus de ton psychisme. Regarde briller au sein de ta vie obscure, la Lumière intérieure qui ne te quitte jamais et qui veille sur ton Destin.

Aspire à la Lumière et à rien d'autre ! Elle est l'essentiel de ta vie, la présence immuable que tu aimes.

Tu n'as pas à t'émouvoir outre mesure à propos des circonstances. Elles te sont favorables dès que ta conscience est sereine car « tout est bien pour ceux qui aiment Dieu », a dit saint Paul, et dans la dimension spirituelle de tous les êtres, *Dieu est Lumière!*

Œuvre dans la joie, pour que le rayonnement de ta pureté intérieure dissipe la masse de ténèbres qui pèse sur ton destin terrestre comme elle pèse sur tous les destins et soit visible en ton comportement.

Sois avide de mieux-être.

Etre avide de Lumière, d'Amour et de Plénitude sur ta plage d'harmonie, tel est le secret de ta progression.

Retrouver l'allégresse en toi, au gré de ton élan intérieur, constitue un immense progrès. Tu en mesures toute l'importance au temps de l'épreuve.

Il est souhaitable que cet élan de ferveur soit encouragé, protégé et multiplié au fil des jours pour qu'aucune situation difficile ne puisse te prendre au dépourvu.

Par cet élan, tu t'ouvres à la Lumière qui t'investit. Tu vas à sa rencontre et *c'est ainsi qu'il y a communion!*

De cette prestigieuse alliance qui harmonise la vie, se dégage toujours, dans les heures qui suivent toute dépression provisoire, *la joie pacifiante d'être.*

Pour dominer l'épreuve, nous requérons de toi que tu vives dans le présent et qu'une seule chose compte essentiellement pour toi : la qualité de ta vie, la qualité de ta sérénité actuelle.

Lorsqu'il est question de cette qualité, nous voulons signifier expressément : *la pureté de ta conscience et de tes intentions, l'harmonie en toi, ton élan de ferveur et la paisible allégresse sont les éléments fondamentaux de ton rayonnement.*

Pour résumer notre propos, pour t'inciter ainsi à le rendre plus efficace, pour guider en quelque sorte le choix de tes options, nous ajoutons ceci : tout ce qui augmente le potentiel de ton allégresse est bon. Tout ce qui en ralentit le cours est mauvais.

C'est là un critère qui écarte ce qui t'est réellement contraire.

Tu dois garder cette recommandation présente en ta mémoire pour te mettre à couvert des agressions extérieures. Il importe en effet, pour toi plus que pour quiconque, que tu ne sois jamais désarmé devant ces agressions car ton désarroi, même passager, ne passerait pas inaperçu.

Or, au point où tu en es, que tu le veuilles ou non, tu sers déjà d'exemple. C'est pourquoi ta conduite, au cours de l'épreuve, doit être exemplaire, toujours droite, toujours sereine et toujours constructive.

Tu dois avoir la passion de la droiture, génératrice des forces tranquilles nécessaires à tes combats contre les écueils de la route.

Avec toute l'humilité qui convient, tu honores l'espèce humaine par l'esprit fraternel que tu lui apportes et tu auréoles sa dignité d'un nouvel éclat si tu mets en relief, pendant les jours difficiles, *l'état de plénitude qui correspond très précisément à la culture de ta parfaite sérénité.*

CHAPITRE III

LA NOUVELLE LIBERTÉ

La culture de la conscience

En notre langage du XXe siècle un homme est dit « cultivé » s'il parle plusieurs langues, s'il connaît l'histoire de tous les temps, celle des religions, des prophètes, l'œuvre des meilleurs écrivains et des plus grands savants, s'il a des notions électronique, d'informatique, etc...

Dans tous les pays civilisés il y a des organisations culturelles, des Maisons de la Culture, des centres Culturels et un Ministère de la Culture qui a pour mission de « mettre en lumière le phénomène culturel »!

Au cours d'un débat passionné à la Chambre des Députés (23 mai 1973), de brillants orateurs ont défini ce qu'ils entendaient *par la culture :*

« La Culture est le moyen complémentaire de la liberté » a dit Maurice Druon.

« La Culture est une recherche et une reconquête » (de Broglie).

« La Culture, ce n'est pas seulement ce qui se trouve dans les livres c'est aussi ce qui passe par le métier, les mains du potier, celles de l'artiste » (Claudius Petit).

De longs affrontements ont accompagné ces prises de position.

Certes, nous respectons la forme de Culture qui est ainsi définie. Nous reconnaissons sa valeur, sa nécessité et ses mérites. Cependant, il nous semble que la Culture n'est pas seulement la connaissance encyclopédique des choses, des hommes et des événements.

Même si l'homme sait ce qui se passe au fond des mers, ou sur les planètes voisines, ou dans les infrastructures moléculaires de la matière, sa Culture est incomplète, à nos yeux, s'il reste ignorant des états supérieurs de sa propre conscience.

Pour nous, *la plus haute Culture comprend aussi la Connaissance de soi, la Culture du meilleur de soi par la connaissance d'une paix intérieure et la conscience d'une perfection possible en soi que chacun peut atteindre.*

Dans une humanité provisoirement à la dérive, où le nombre s'accroît plus vite que la qualité, un mouvement de décadence morale, dont nous constatons chaque jour les funestes effets, s'est amorcé.

L'intérêt, l'attention et le désir des hommes se dispersent vers un idéal de convoitise et de possession des biens matériels.

De ce fait, la vie paraît inutile, vaine, superficielle et décevante à beaucoup d'entre nous.

La Culture de la conscience, qui correspond à l'optique de ce livre, *vise à l'épanouissement de la vie intérieure.* Elle s'oppose à l'évasion de soi qui porte l'homme à « se distraire », à s'étourdir, à se fuir lui-même, c'est-à-dire à fuir sa vie profonde, pour ne pas se retrouver confronté avec elle.

Saint-Exupéry a décrit, dans *Terre des hommes*, cette fuite des hommes, enfermés dans leur convoitises, dans les termes que voici : « Je surprenais ainsi les confidences qu'on échangeait à voix basse. Elles portaient sur les maladies, l'argent, les tristes soucis domestiques. Elles montraient les murs de la prison terne dans laquelle les hommes s'étaient enfermés. Nul jamais ne les avait fait s'évader. Ils avaient construit leur paix à force d'aveugler de ciment, comme le font les termites, toutes les échappées vers la lumière. Ils s'étaient roulés en boule dans leur sécurité bourgeoise, leur routine, les Rites étouffants de leur vie provinciale ; ils avaient élevé cet humble rempart contre le vent et les marées et les étoiles! Ils ne voulaient pas s'inquiéter des grands problèmes; ils avaient eu bien assez de mal à oublier leur condition d'homme! Nul ne les avait saisi par les épaules quand il était temps encore. La glaise dont ils sont formés avait séché et s'était durcie ».

Servir un idéal de paix

Ceux qui envisagent toujours le pire et doutent — même rationnellement — de leur réussite, ne connaissent que des échecs. Pour réussir dans une tentative, quelle qu'elle soit, il faut d'abord y croire.

Ce qui est utopique n'est pas de croire au succès, c'est d'envisager que le moindre succès puisse survenir sans y croire!

C'est pourquoi, lorsqu'il s'agit d'accéder à la paix intérieure, à la Lumière que chacun porte en soi, il est d'abord nécessaire de savoir que cette paix existe, que cette Lumière existe en nous et que notre démarche consiste essentiellement à *révéler leur présence.*

Il en va de même lorsqu'il s'agit de la paix entre les hommes.

Nous avons rencontré des hommes de bonne volonté et de haute qualité, animés par un désinteressement à toute épreuve, qui ont pour idéal de servir, à l'échelle mondiale, la paix fraternelle des hommes.

Parce qu'ils aspirent à promouvoir un monde meilleur, nous ne nous écartons pas de notre propos en considérant, d'un regard favorable, une tentative de cet ordre. Rien de ce qui touche à cette tentative ne saurait nous laisser indifférents.

Non seulement nous croyons à la possibilité d'un monde meilleur, mais *nous annonçons un monde meilleur.*

Cependant nous pensons que la pacification du monde, ne se fera pas en bloc par l'application de dispositions collectives.

Pour nous, le monde ne deviendra meilleur, plus paisible et plus fraternel, *que si l'homme devient meilleur.*

C'est pour servir en ce sens l'idéal de paix que nous faisons ici quelques considérations de principe :

Par exemple, lorsque les jeunes disent : « Nous voulons faire l'amour et non la guerre », nous disons que la formule n'est pas heureuse. Ce qui importe ce n'est pas de « faire l'amour », ce qui importe c'est *d'éprouver de l'amour, c'est être capable d'amour, c'est être amour.*

Lorsque l'Organisation des Nations Unies intervient pour maintenir la paix entre les pays, par ses interventions, ses conseils et parfois par des mesures de rétorsion, ce n'est pas suffisant.

Pour que la paix des hommes soit possible, il est nécessaire que l'homme lui-même n'accepte pas la guerre, qu'il la considère comme une ignominie. Il est nécessaire que chacun des hommes sente, au fond de son cœur, que les affrontements sanglants, les tueries, les massacres collectifs, les destructions systématiques, sont des actes *INDIGNES d'une civilisation.*

Pour servir un idéal de paix, il faut prendre conscience de l'inhumanité de la guerre et qu'elle constitue un acte de barbarie.

Mais nous savons tous que ceci est loin d'être suffisant pour instaurer une paix certaine.

Et cette raison, n'aurions-nous pas intérêt à la découvrir pour améliorer les conditions de notre devenir ?

Les droits de l'homme

Dédié à René Cassin, Prix Nobel de la Paix,
Fondateur de l'Institut International des Droits de l'Homme.

Malgré toutes les bonnes volontés qui se manifestent, malgré les organisations pacifiques, malgré tous les appels en faveur de la Paix, la violence exerce toujours ses ravages, le risque d'un affrontement généralisé persiste et la guerre avec son hideux visage, est toujours présente en quelque région de notre globe.

Comme aux premiers âges de notre humanité, l'homme est encore, périodiquement, un loup pour l'homme!

« *Il serait souhaitable* — nous écrit le président René Cassin — *que les forces de Paix trop divisées et par la même impuissantes, s'unissent et travaillent en accord* ».

Au vœu prononcé par ce grand et parfait honnête homme de notre temps, nous répondons ici que nous formons exactement le même vœu.

Le droit de tous les hommes de la Terre c'est le droit aux libertés élémentaires que sont la liberté de penser et la liberté d'expression. Mais c'est aussi le droit *à la liberté d'épanouir sa vie,* dans la mesure où cet épanouissement, non seulement ne porte pas atteinte à la liberté des autres, mais, bien au contraire, est susceptible d'enrichir leur vie

Le droit des hommes c'est aussi le droit à la Paix, c'est-à-dire le droit de vivre dans un monde pacifié, un monde meilleur qui n'existe pas encore, *mais qui peut exister si l'homme devient lui-même meilleur.*

Le droit des hommes c'est d'être protégé intérieurement contre lui-même, contre les autres et contre les événements.

Protéger l'homme intérieurement, protéger sa qualité de vie, est une œuvre considérable qui a été terriblement négligée par les enseignants de tous ordres qui ont eu la charge de sa formation.

De nos jours, où seuls semblent compter les progrès de la technologie, la jeunesse est orientée principalement vers la connaissance mathématique et scientifique, qui offre plus de débouchés que la culture philosophique. Apparemment la protection intérieure de l'homme n'intéresse pas grand monde...

Cependant, perdus dans l'immense désarroi qui les entoure, beaucoup se rendent compte, en affrontant les complexités de la vie, qu'ils sont selon Maurice Druon, « les sinistrés du progrès ».

Il devient de plus en plus perceptible aux observateurs de notre temps que notre civilisation est actuellement menacée, que nous sommes tous sur le même navire et que notre humanité est déjà en condition de naufrage.

Les choses se passent comme si l'ignorance des valeurs essentielles pouvait imposer son désordre car la tempête est à bord et ce sont les passagers qui détruisent le navire!

L'homme fait naufrage car il se détruit intérieurement lui-même, *comme s'il était sans âme et comme si l'Univers était sans Dieu!*

Dans leur redoutable inconscience, les survivants de l'espèce tentent d'allumer les derniers brûlots capables de couler leur vaisseau.

Mais il n'en sera pas ainsi : la rage de polluer et de détruire ne peut aller contre l'harmonie qui nous transcende. Un monde meilleur nous attend, que nous connaîtrons bientôt si l'homme devient meilleur.

Or l'homme ne devient meilleur qu'à partir du moment où, se connaissant lui-même, il prend conscience de sa paix intérieure et, par voie de conséquence heureuse, prend possession du plan de sérénité qui existe en lui, souvent à son insu.

A partir de là, il sent se dissoudre l'égoïsme qui pèse sur son comportement et devient capable d'aimer : d'aimer la beauté, d'aimer l'harmonie, d'aimer son prochain et non seulement de manifester un élan pour la vie, mais ce qui est profondément essentiel, d'être amour.

Par là, il améliore sa qualité d'homme et c'est ainsi que la qualité de chaque homme *peut servir l'idéal de paix qui vit en chacun de nos cœurs.*

Les forces de la Paix sont en chacun de nous. *L'homme meilleur est capable de promouvoir la Paix et de créer dans le monde un état de fraternité.*

Certes, dans les conditions actuelles de notre civilisation, cette fraternité apparaît comme étant parfaitement utopique ; mais nous avons la conviction qu'elle représente la finalité lointaine de notre espèce.

La morale conventionnelle n'a pas tellement amélioré jusqu'ici la qualité de l'homme. Les inégalités génétiques, les inégalités matérielles, les difficultés que le complexe social impose à chacun, sont en partie responsables de cet échec.

Mais les responsables sont peut-être aussi les « maîtres à penser » qui ont eu la charge de l'éducation et qui n'ont pas mis à la disposition de l'homme l'enseignement et les moyens qui lui sont nécessaires pour améliorer la qualité de sa conscience puis, à un stade supérieur, *le moyen de cultiver la qualité de sa conscience.*

Certes, nous ne disons pas que cet enseignement n'a jamais été donné. A toutes les époques de notre histoire il a été connu de quelques privilégiés puisque des sages, des religieux, des philosophes, en ont fait état.

Mais cet enseignement n'a pas été vulgarisé.

C'est pourquoi ce livre, qui désire aussi servir la cause de l'Homme, a pour objectif de préciser cet enseignement et d'inciter chacun de ses lecteurs :

A prendre possession de sa Paix intérieure.

A découvrir en lui les états supérieurs de sa conscience.

A cultiver une dimension de lui-même, qui est le siège de son harmonie et de sa plénitude.

Nous rejoignons ainsi, sur le plan philosophique et spirituel, la ligne que le Président René Cassin développe sur le plan juridique et sur le plan social : «*Chacun de nous peut servir la paix du monde par une manière d'être dont il aura éliminé l'agressivité, la violence, la haine, la rancœur et l'injustice, par un manière d'être lui-même : intègre, charitable, animé d'amour fraternel pour son prochain et profondément pacifié* ».

Pour toi qui lis ces lignes, ce qui a de l'importance, ce qui est fondamental et pleinement essentiel, c'est *CE QUE TU ES.* C'est l'harmonie qui est en toi, c'est la Lumière qui te pénètre et c'est la grâce qui t'attend.

Nous insistons pour que l'harmonie que tu portes soit transposée en ton actualité et soit visible dans toutes les activités de ta vie.

C'est en te désolidarisant de tes superficialités que tu retrouves l'usage pathétique de ta pleine Liberté.

Lorsque auront disparu les contraintes qui pèsent encore sur les niveaux inférieur de ta conscience, lorsque tu ne te poseras plus de questions et que ta vie entière sera polarisée vers l'harmonie, l'allégresse d'être épanouira ton élan et te libèrera de tes chaînes.

C'est comme une mise au point de ton optique, une mise au point qu'il faut faire et que nous allons faire ensemble, pour que ta réalité intérieure t'apparaisse avec netteté, au premier plan de ta conscience, dans la Lumière de son bonheur.

DEUXIÈME PARTIE

APPROCHE DE LA PORTE ÉTROITE

CHAPITRE IV

SUR LE CHEMIN DE LUMIÈRE

L'exercice de la liberté

Chacun de nous dispose de son libre-arbitre et peut user de sa liberté pour s'élever vers plus de Lumière.

Mais il existe, hélas, une liberté dangereuse qui est le choix des impasses ou des discordances et qui débouche sur une privation de liberté.

Car, donner libre cours à ses passions, c'est être l'esclave de ses passions. Etre tributaire de ses instincts, subir le caprice de ses propres humeurs, est exactement aux antipodes de la véritable liberté.

User de la liberté pour faire le mal, pour commettre des excès de tous ordres, pour rester superficiel, ou tout simplement pour ne rien faire, détermine une vie stagnante, une vie sans éclat, une vie sans bonheur qui ne soupçonne même pas l'allégresse qu'elle porte en sa substance!

Ce livre, comme les précédents, n'impose à personne une façon particulière de penser ou de vivre. Il révèle simplement une réalité de plénitude qui existe dans la nature de l'homme, puis il indique les moyens d'atteindre cette réalité.

Par la connaissance de ses moyens et par leur utilisation, chacun peut mettre en œuvre les ressources de son propre génie pour faire, en lui-même la démonstration expérimentale qui alimentera sa propre certitude.

Chacun peut donc ainsi accéder à sa dimension supérieure, *accéder à son état d'harmonie*, par le seul exercice de sa liberté!

Chacun peut avoir l'ambition de se dépasser lui-même et, parce qu'il découvre toujours en lui de nouvelles perspectives et de nouvelles plénitudes, se rendre compte combien la vie est passionnante!

Chacun peut prendre toutes initiatives, bénéficier de son propre élan, pour s'élever au-dessus de ses niveaux élémentaires et vivre au meilleur de lui-même, non plus en ses bas fonds mais en ses hautes demeures.

Chaque homme ne peut pas avoir un Maître ou un Guide qui soit en permanence à sa disposition : l'homme intérieur naît seul, vit seul et meurt seul.

Mais ce n'est pas la solitude qui fait l'isolement et ce n'est pas la foule qui est présence.

La Lumière essentielle dont il a besoin ne lui est pas donnée par un Guide interposé : c'est en lui qu'il la découvre et qu'il en fait usage.

C'est par son désir d'élévation, par ses aspirations profondes et sa pratique quotidienne du recueillement, *qu'il acquiert sa majorité spirituelle.*

En cette autonomie intérieure se manifeste le sens de sa nouvelle liberté qui lui donne aussi le sens des responsabilités qu'il assume et, enfin, la claire conscience de son utilité, de son efficacité, au sein de l'Evolution.

Cette nouvelle liberté lui donne d'intenses satisfactions. Elle est source de joie et de plénitude alors que, dans le choix négatif, la conscience d'être inutile, dans la vaine agitation des activités superficielles de convoitises, d'égoïsme ou d'orgueil, détermine l'ennui, la tristesse, l'angoisse et, par voie de conséquence, le malheur.

L'exercice de la nouvelle liberté devient peu à peu une fonction naturelle, toute simple, qui correspond à une activité heureuse au plus pur de soi.

Nous lui attribuons *le caractère d'une fantaisie joyeuse* parce qu'elle détermine une création continue, toujours renouvelée dans l'harmonie et que, sous toutes ses formes, *l'harmonie est joie.*

Pourquoi cette joie de vivre apparaît-elle aussi rarement autour de nous ? Pourquoi ne s'impose-t-elle pas spontanément à la conscience ? Pourquoi n'accompagne-t-elle pas toujours l'ensemble des activités humaines ?

Tout simplement parce que, d'une façon générale, les hommes ne savent pas s'orienter vers elle et que, de ce fait, ils perdent le contact de cette Lumière qui est en eux.

Le monde moderne est malade des complexités qu'il accumule ; mais le caractère dramatique de la complexité n'est pas seulement d'asservir l'homme en ses inextricables réseaux, *c'est de lui cacher l'Essentiel.*

Lorsqu'il ne discerne plus ce qui est essentiel, il avance en aveugle dans sa vie. Il croit sérieusement que les changements continus dont il est le témoin, les innovations économiques, artistiques, architecturales ou technologiques, constituent la réalité, le fondement et l'objectif de la vie!

En ce qui concerne l'Essentiel, il n'y a pas de mode et le caprice des changements ne saurait intervenir car les valeurs essentielles sont immuables.

Leur pureté et leur perfection sont immuablement opérationnelles, comme la Cause première qui les détermine est immuable en son rayonnement. C'est pourquoi leur présence se révèle toujours dans la même harmonie et s'accompagne d'une identique plénitude.

Ce sont les êtres superficiels, tourmentés de leur superficialité, qui changent continuellement d'orientation et de vérité, comme ils changent d'inquiétudes dans leur instabilité toujours en mouvement.

Dans une vaine agitation, toujours insatisfaite, ils ne rencontrent rien qui puisse véritablement alimenter leur espérance.

Cette confrontation éprouvante avec un destin sans utilité apparente, les incline à ce désespoir intérieur, marqué par une indifférence de surface qui semble ne comporter aucun remède...

Cependant toute parole d'harmonie, *qui révèle l'immanence du bonheur et la proximité d'une dimension d'allégresse en soi*, dispose d'un pouvoir exorbitant, même lorsqu'elle est repoussée par ses auditeurs.

Les choses se passent comme si cette parole faisait elle-même sa place, comme si elle imposait ses propres vertus sans le concours de son bénéficiaire!

Cette parole ne requiert pas le consentement des ténèbres pour les dissoudre. Et c'est peut-être là le principe qui permet aux civilisations de la décadence de conserver intacte leur chance de survie.

C'est dire l'importance des sages qui annoncent les jours meilleurs.

Dans un monde qui a perdu le sens de la pureté, où le sens du sacré se délite, où l'on ne parle que de nuisances, de complexité, d'immoralité, de criminalité, le philosophe parle de plénitude.

Le Nombre peut refuser d'entendre, de comprendre et d'aimer *cette espérance de Lumière*, mais il n'est pas un seul homme sur la Terre qui ne puisse recevoir le rayonnement intérieur qui lui manque, s'il manifeste le désir *d'être en ce rayonnement.*

La possession suprême est à la portée de tous et chacun de nous en est digne. Comme nous le verrons bientôt, quel que soit l'homme, la plénitude est en lui dès que, faisant preuve de bonne volonté, il fait mouvement vers elle.

Le mouvement de grâce

L'absence de Paix au cœur des hommes conduit à des égarements regrettables puis à la chute indigne vers la violence que chacun réprouve. C'est ainsi que le Nombre se livre, de temps à autre, contre son propre intérêt, à des manifestations belliqueuses et s'adapte même parfois, dans les cas extrêmes, à une exaspération de terreur.

Par contre, la Présence de la Paix intérieure détermine l'épanouissement dans l'allégresse qui se poursuit indéfiniment.

Si la connaissance de cette Plénitude est restée tellement embryonnaire, c'est que l'humanité ne s'engage dans cette voie qu'avec des méfiances ataviques, aussi stérilisantes qu'injustifiées.

Il n'en reste pas moins vrai que le moindre espoir de s'engager sur le chemin de Lumière réveille toujours aux abysses de la conscience, comme aux profondeurs de la substance vie, une vibration harmonieuse qui se propage ensuite en larges ondes et commence, de proche en proche, à épanouir la vie.

C'est dire par là que, sous la pression de cette vague de fond, la conscience s'apaise à son tour, s'ouvre à des aspirations nouvelles et que rien n'est jamais perdu.

Présence de la Paix intérieure, Présence de l'Harmonie, Présence de la Plénitude en toi, ami lecteur, sont toujours, sous des formes diverses et d'abord infiniment subtiles, la conscience de l'Esprit qui s'étend, au-delà de l'éternité du temps et de l'espace, dans l'immanence du présent.

Tout est présent, tout est Lumière et tout est bien lorsque, émergeant du monde illusoire et superficiel, tu prends possession de la réalité qui te transcende, cette prestigieuse réalité de l'Esprit créateur, dont tu es l'une des créatures.

Tu avances d'autant plus lentement vers cette connaissance, qu'elle se complique, depuis des millénaires, de discordances et de passions qui masquent son caractère essentiel.

Cependant, tu es désormais soutenu par une première certitude : *la recherche fondamentale est celle qui tend vers la découverte de la Lumière en soi, vers la découverte effective d'une réalité vivante, à partir de laquelle, pour la première fois dans l'histoire d'un homme, la vie s'oriente vers son épanouissement.*

Nous insistons sur cette notion importante d'une expansion de vie irréversible, dont l'homme peut prendre conscience, dont il doit prendre possession pour évoluer vers d'autres dimensions, vers d'autres plénitudes mais toujours vers plus de Lumière.

Ta progression sur le chemin de Lumière, se fait le plus souvent par l'approfondissement des connaissances acquises.

Par exemple, en ce qui concerne ta pacification intérieure, si tu redoubles ton application elle sera plus effective et plus profondément réalisée.

Ta réceptivité sera amplifiée au-delà de toute espérance et les vertus qui assurent ton élévation : le courage la ferveur d'être, ton potentiel d'épanouissement, seront infiniment majorés.

Nous en revenons donc sur nos prémices sur la pacification, qui constitue l'enseignement essentiel de notre *Pari pour le bonheur*, non pour que tu apprennes un fait nouveau mais, tout simplement, pour que tu t'y appliques à mieux faire *l'acte de ta pacification intérieure.*

Cette conception d'un perfectionnement nécessaire dans l'accomplissement, qui pourrait paraître élémentaire, constitue en réalité l'élément nouveau de l'enseignement supérieur, sur lequel nous mettons l'accent aujourd'hui.

Comme il y a un sens plus élargi des mots, lorsqu'il s'agit de Paix intérieure, de sérénité et d'épanouissement de la vie, *il s'agit de faits nouveaux qui se produisent dans la réalité d'un nouveau monde que tu perçois et qui t'enchante!*

C'est un monde nouveau, un monde meilleur, où le cœur n'est plus oppressé par le manque d'espoir et l'angoisse métaphysique du néant qui hantent la plupart des êtres.

La Paix des sources, la Paix de l'âme sont mieux perceptibles en toi si tu sais mieux que tu es la Source, dont le flot coule au sein de l'éternité. *Et tu es la source parce que tu es âme.*

Nous voulons aussi insister sur la notion de ta Paix intérieure, sur ce que nous entendons par là et comment tu vas la percevoir.

A l'heure du silence et du recueillement, lorsque tu tournes ton regard intérieur vers le haut et plus haut encore, comme si tu voulais regarder au-dessus de toi-même, *au-delà de toi-même*, tu perçois l'harmonie d'un sourire sans limites.

C'est comme une onde de paix joyeuse qui descend sur toi, te libère de tes propres limites dans l'extase fugitive d'une plénitude qui ne ressemble à aucune plénitude espérée et qui dépasse de loin la joie la plus intense que tu aies jamais ressentie.

Tu n'oublieras jamais *cette transcendance radieuse de l'élément paisible qui entoure ta vie.*

Il est bon que, devant prendre possession de cette Paix intérieure, qui te semblait naguère inaccessible, tu commences à prendre conscience *que cette Paix tant désirée est partout présente.*

Il suffit de s'ouvrir à elle pour la recevoir en soi.

Dieu est Esprit. L'Esprit est Lumière. La Lumière est sourire. Le sourire est Paix.

Lorsque tu es en Paix, ton sourire intérieur, même s'il ne passe pas tes lèvres, est Lumière au fond de ton cœur.

Lorsqu'il sera *observable en toi,* ce qui ne saurait tarder, l'acte de ta communion et de ton alliance avec ta dimension spirituelle sera accompli.

C'est alors que *TOUT* te sera donné de surcroît, même le pouvoir d'harmoniser tes propres discordances, qui va matérialiser pour toi l'évidence de ta Vérité.

Ferme les yeux puis tourne ton regard intérieur vers le haut et regarde, au-delà de ta dimension coutumière, l'immense Présence amie qui te bénit d'un sourire et t'investit de sa Lumière paisible.

C'est l'acte de ta pacification qui est ainsi défini.

Le calme en toi est d'une telle ampleur qu'il mérite un nouveau qualificatif. Nous parlerons, pour la première fois, *d'un calme radieux qui est en toi comme le rayonnement de ta Lumière.*

Emplis-toi de ce rayonnement.

Fais, chaque jour, à l'heure de ton recueillement, *le mouvement de grâce qui commande la descente de la Lumière en toi.*

Aime ta Lumière intérieure en son rayonnement infini pour que ton alliance soit une acceptation totale, dans l'absolue confiance que détermine, au secret de ton cœur, l'amour enthousiaste qui t'élève vers l'Essentiel.

Sois le sourire de l'instant pour que chaque instant de ta vie soit le sourire du bonheur.

Plan d'ensemble de l'évolution

Lorsque tu avances dans la connaissance de toi-même, tu prends conscience, de temps à autre, que tu as tout à apprendre, ce qui est exact ; mais cette constatation, loin d'être décourageante, est ici particulièrement exaltante.

Elle restera exaltante en toi au fil des heures, au fil des jours, tout au long du parcours.

Il n'empêche qui tu ne dois jamais forcer ta progression. Pas plus qu'il n'est bon de forcer la floraison des fleurs ou la maturité des fruits (et qu'il vaut mieux, à leur égard, laisser faire la nature) il ne faut pas se hâter de franchir les étapes lorsqu'il s'agit du Mouvement intérieur qui porte vers la Plénitude.

Ta progression doit être naturelle car elle *est la résultante de ton recueillement, de tes aspirations et de ton mûrissement.*

Lorsqu'elle paraît se ralentir périodiquement et que son épanouissement ne coule plus de source, garde le souvenir de la recommandation que voici : *mets de l'ordre en ta vie et reste en harmonie.*

Tu dois tendre vers une perfection d'état à chaque palier de ton évolution.

Pour l'instant, *SOIS EN HARMONIE,* dans le sens le plus intérieur, non seulement durant ton recueillement, mais tout au long du jour en toutes tes activités.

Avance patiemment vers la permanence d'un état d'harmonie, pour que tes prises soient solides et que ton équilibre parfait soit assuré, pour que ta progression soit souple, légère, heureuse.

Si ta marche était désordonnée, si tu ne disposais pas des appuis qui soutiennent tes pas, tu peinerais et gaspillerais tes forces, tu t'essouflerais sur les pentes et serais épuisé avant même d'être en vue de la porte étroite...

Etre en paix, être en harmonie avec soi-même, premier palier sur la voie montante, est l'étape la plus importante du parcours. Sans elle toute tentative d'aller plus haut risque d'être vouée à l'échec.

Mais, *lorsque tu es en état d'harmonie*, tu es comme sollicité par ton avance. Ce n'est jamais une avance forcée : c'est une avance facile bien qu'elle s'étale dans le temps et qu'elle sollicite une longue patience par suite des imperfections de notre nature.

Tu as déjà remarqué que ton harmonie dépend de ton ordre intérieur. Quant à la joie, *elle ne se manifeste en toi qu'en cet état préalable d'harmonie.* De plus, les Mouvements vers la Plénitude ne s'accomplissent que lorsque ta joie intérieure est présente.

C'est une observation qui a son importance car elle te montre que les paliers successifs sur le chemin de Lumière dépendent les uns des autres et sont étroitement imbriqués.

Pour te faciliter la délimitation de ces divers paliers, nous allons t'indiquer ici comment peut s'architecturer l'ensemble de ta progression entre le plan élémentaire de la vie, qui est celui des discordances, et le plan supérieur de ta dimension sereine :

I. *Conditions preparatoires.*

Décontraction — Calme en soi — Ralentissement des pensées — Ralentissement du rythme respiratoire — Conscience de l'Essentiel — Silence. (cf. *Révélation de la joie. Technique de méditation,* p. 55-75.)

II. *Etat de réceptivité.*

— Acte de recueillement. Pacification intérieure — Etat d'harmonie — Acte de ressourcement. (cf. *Pari pour le bonheur* p. 77 à 202)

III. *Avance vers la porte étroite.*

Elan d'amour — Aspiration profonde — Ferveur pour l'élévation — Acte d'épanouissement.

IV. *Passage du seuil de lumière.*

Convergence vers l'essentiel — Communion ardente au pur silence de soi — Déclic de mutation — Calme radieux durant le passage.

V. *Incursions fugitives sur le plan d'harmonie.*

Conscience d'une sérénité immuable en soi — Connaissance de la première allégresse.

VI. *Vers une permanence de grâce.*

Ancrage sur l'Essentiel — Accession au plan supérieur de la conscience — Mouvements vers la Plénitude.

CHAPITRE V

LES NOUVEAUX PALIERS DE LA CONNAISSANCE

Qualité de la vie

Nous sommes en marche vers un objectif précis : l'accès à la plénitude, que nous entourons pour l'aborder sur plusieurs fronts. C'est pourquoi notre avance vers cet objectif se fait progressivement sur plusieurs plans successifs.

Ceux que nous allons étudier en ce présent chapitre sont :
la qualité de la vie,
la sérénité immuable en soi,
la pureté originelle,
la relaxation qui prépare au recueillement.

La qualité de ta vie comprend deux éléments essentiels :

I. *Ce que tu es*, c'est-à-dire ta qualité d'être, la qualité de ton élan, de ta ferveur, la qualité de ton recueillement et de ton silence, donc en définitive, la qualité de ton psychisme.

II.*Ce que tu fais,* par conséquent la qualité de tes intentions, de tes aspirations, la qualité de tes décisions et de tes actes. Parmi ces actes nous citons en premier, comme étant l'aboutissement de tes qualités fondamentales, *l'acte de ton ressourcement* qui est l'expression de ta réalité intérieure.

Parallèlement à la création continue qui s'opère en toi, à travers ce que tu ES et à travers ce que tu FAIS, nous plaçons le secteur de l'Essentiel qui te touche le plus profondément parce qu'il est à la fois ta récompense et la démonstration évidente de ta Vérité : *une qualité de bonheur, un enthousiasme naturel qui se renouvelle sans cesse, une ambition de mieux-être, un élan intérieur qui te porte vers une qualité de plénitude.*

A chaque jour de ta vie, que le plan directeur de ton activité spirituelle te devienne plus proche et plus vivant, afin de mieux percevoir les vertus de ton efficacité, par le rayonnement qu'il entretient en toi, par la Lumière omniprésente qui est intégrée en ta substance-vie, qui révèle sans cesse, à ton regard ébloui, sa prestigieuse harmonie.

Chaque fois que tu feras le point, la halte heureuse pour le bilan de ton Destin, tu te réfèreras à cette Lumière, à la tendresse que tu auras pour elle, à l'amour épanoui qui t'élève vers ce commencement de Plénitude qui est la véritable victoire de ta vie.

C'est maintenant une réalité de chaque jour, dont tu connais la présence et qui est plus proche de toi que les pulsations de ton propre cœur.

Rien n'est plus près de toi que la Plénitude à laquelle tu aspires. Tu ne pars pas à la découverte d'un monde lointain et inaccessible : tu es à la recherche de toi-même et de ta propre dimension dans l'Immanence du Présent.

C'est à la seconde même où ton recueillement *centre sur l'essentiel le pur élan de ta ferveur*, que tu prends possession de ta rayonnante plénitude.

Il s'agit ici d'une révélation majeure que tu dois retenir comme thème de tes réflexions coutumières parce qu'elle marque une étape importante en ta progression et te donnes la force nouvelle dont tu as besoin.

La sérénité immuable en soi

Ceux qui s'abandonnent aux complexes d'amertume, de rancœur ou d'hostilité sabordent, de jour en jour, leur chance de bonheur.

Efface définitivement de toi toute pensée de haine, tout sentiment de violence et la tentation animale de rendre le mal pour le mal.

Pardonne d'abord, tu jugeras mieux ensuite.

C'est ainsi que tu retrouves ta Source pure au point de grâce où ton inimitié disparaît de toi, où tout est harmonie, où tu es profondément pacifié, où tu fais alliance avec ta Lumière en ton cœur plein d'étoiles.

Cette pacification et cette communion sont les deux pôles du Mouvement intérieur qui libère ton allégresse.

Il convient maintenant d'observer attentivement *CE QUI COMMENCE À ÊTRE AU SILENCE DE TOI-MÊME.*

En cet état de réceptivité optimale tu t'élèves, sans aucun effort, sur un plan de sérénité qui n'est plus précaire ou passager, *qui est immuable.*

C'est le premier élément immuable que tu découvres en toi depuis que tu vis et tu sais désormais, avec cette lucidité particulière qui accompagne la trêve de ton activité mentale, que tu peux rejoindre, à chaque instant, l'immuabilité qui est l'essentiel de toi et que nous avons maintes fois définie comme étant.

Sur cette prise de possession fondamentale nous n'insisterons jamais assez car c'est ici que se détermine et s'accentue ta progression.

C'est ici que ton pacte intérieur prend sa haute signification et devient rayonnement.

Note-le soigneusement pour en prendre conscience : tout est bien pour toi, dans tous les domaines, dès que tu es sur le plan de ton immuable sérénité. Tout t'es donné avec le pouvoir d'être en ta dimension de Lumière.

C'est à travers ton expérience vécue que s'articule ta progression. Il importe donc que cette expérience soit pleinement réussie et que ton épanouissement continu soit le principal objet de tes aspirations.

« Aspire à la Lumière et non pas à la gloire »...pour ne jamais être excentré par rapport à l'Essentiel.

Le retour en force vers l'Essentiel se fait sur une simple réquisition de ta conscience vers ton épicentre, c'est-à-dire *vers l'élément de sérénité immuable qui est en toi.*

Il te sera profondément bénéfique de bien préciser et de bien identifier ce monde intérieur de la Plénitude que tu abordes.

Mieux tu le définis, mieux tu t'identifies à lui, et mieux tu le découvres !

La masse de ténèbres qui occultait encore ton regard s'estompe et laisse passer un rayon de Lumière.

Tu reconnais maintenant ta plage d'harmonie, puis les perspectives de ta sérénité et tu perçois déjà l'allégresse légère s'élevant de ton pur silence, qui est la réalité même de la grâce.

Nous requérons de toi que tu fasses chaque jour, dès ton réveil si c'est possible, cet heureux cheminement vers ton altitude.

C'est le retour aux sources, le retour à ta réalité intérieure, *l'immersion bienheureuse dans l'harmonie radieuse qui chante en toi!*

Tu ne tarderas pas à t'apercevoir, en persévérant dans cette direction, que cette conception exhaustive de la vie est créatrice de ferveur et d'enthousiasme : ferveur dans la communion.

Enthousiasme pour la suprême alliance qui t'élèves vers ton plus haut Destin.

La pureté originelle

Nous avons maintenant à parler de la pureté. Pour qu'aucune confusion ne s'introduise en ce propos, précisons qu'il ne vas pas s'agir ici d'une pureté relative, correspondant à la définition classique : état de ce qui est complet, sans mélange, exempt de corruption, de souillure, qui n'est ni troublé ni sali.

Nous parlerons d'une pureté absolue, que nous appelons : *la pureté originelle* et qui répond à une définition plus étendue : *état qui ne peut pas être troublé, ni corrompu, ni altéré de quelque façon que ce soit, qui est donc immuable.*

Les hommes, par les imperfections et les insuffisances de leur nature, ne peuvent pas accéder à la pureté absolue sur leur plan organique ni sur leur plan mental. Le meilleur d'entre eux reste vulnérable et ne peut accéder qu'à une pureté relative, donc intermittente, sur ces deux plans.

Ceux qui ne sont pas familiarisés avec ce sujet nous demanderont-ils pourquoi nous parlons d'une pureté absolue qui ne concerne pas notre espèce ?

Simplement parce que cette pureté-là, si universellement ignorée qu'elle paraît souvent mythique, *existe en chacun de nous au niveau de sa conscience spirituelle.*

Aucun être au monde ne resterait en vie une minute de plus, si elle cessait d'exister!

Gardons en nous la certitude d'un point de pureté originelle qui existe dans tous les êtres, même chez ceux qui nous semblent les plus indignes.

Gardons aussi la certitude que *TOUS LES HOMMES* possèdent une conscience spirituelle et que cette possession qui est celle de l'Esprit en soi, ne donne lieu à aucune restriction et n'est frappée d'aucun ostracisme.

Cette conscience spirituelle, qui est le siège de notre pureté originelle, fait partie de notre nature.

Que la pureté en soi reste souvent inconnue, que la conscience spirituelle soit longtemps — et parfois toute la vie — ignorée de celui qui la possède, ne change rien à leur réalité ni à leur présence.

La certitude de cette présence, même si elle n'est pas admise par tous, correspond à l'évidence de la vérité.

Lorsqu'elle est refusée ou mise en doute, toute tentative d'élévation vers cette vérité est vouée à l'échec, car on ne peut pas atteindre un objectif que l'on ne perçoit pas.

Contrairement à ce qu'à écrit le moraliste : *« on ne peut rien entreprendre si l'on ne peut rien espérer! »*

Certains esprits chagrins, qui jonglent facilement avec les fantaisies superficielles du mental, s'empresseront de tirer des conclusions abusives de ces déclarations. Il diront qu'il s'agit de possession imaginative et que les criminels, les vandales et les tortionnaires par exemple, n'ont aucun état de pureté.

Peut-être n'ont ils jamais entendu parler des criminels qui se comportent toute leur vie comme des bêtes méchantes et qui meurent ensuite dignement sur l'échafaud ? Ou de tortionnaires, qui n'ont jamais pu justifier auprès de quiconque leur inhumanité et qui trouvent en eux, au moment de leur mort, une justification inconnue, valable pour eux seuls ?

Pourquoi cet ultime revirement ?

C'est parce que, à leur insu, à l'instant suprême où leur vie se termine dans une suprême déchéance, leur plan de pureté immuable, qui ne s'est encore jamais manifestée à leur conscience, qui n'a jamais participé à leurs débordements et à leurs ignominies, *rayonne tout-à-coup sur eux et les pacifie.*

La même manifestation se produit et a été maintes fois observée à l'instant du trépas : les êtres, tourmentés par leur agonie, aux traits ravagés par l'angoisse et par la souffrance, portent soudain sur leur visage, à leur dernière seconde, *la sérénité majestueuse de leur dimension inconnue qui est celle de leur pureté originelle, immuablement présente.*

Pour dissiper toute confusion, il est bon d'insister sur le fait que l'on n'acquiert pas la pureté, comme une vertu nouvelle qui résulte d'une morale ou d'un enseignement.

On accède à la pureté.

On découvre un état de pureté en soi, on prend conscience de sa présence.

L'état de pureté est l'élément où la vie prend naissance.

Notre pureté originelle, source de vie, *Lumière d'un autre monde en nous*, a le pouvoir de nous délivrer du mal et de dissoudre nos ténèbres.

C'est en notre pureté originelle que se fait *notre ressourcement essentiel.*

Tout homme qui adopte la pratique de ce ressourcement est un homme à l'état pur, en qui tous les purs se reconnaissent

Que serait notre vie, agressée par tant d'imperfections organiques ou morales, obscurcie par toutes les pollutions qui menacent sa substance, s'il n'y avait en nous *la protection intérieure de notre pureté qui est joie et Lumière.*

Subir passivement l'influence corrosive des éléments négatifs qui nous environnent, constitue simplement une méconnaissance de soi et l'ignorance des possibilités de défense que chacun porte en soi.

Certes, le mal existe et l'homme, qui n'est ni ange, ni bête, peut être les deux alternativement, selon qu'il prend ou ne prend pas conscience de sa réalité intérieure.

Il est, en définitive, ce qu'il pense : aussi évolué que l'est sa connaissance de lui-même, aussi retardataire que l'est son ignorance!

Il EST la conscience qu'il a de sa propre vie.

S'il ne découvres pas la pureté qui est en lui, s'il ne prend pas conscience de la Lumière qui brille en lui, de la joie qui vit en son cœur, s'il ne prend pas possession de sa Source et de son inépuisable richesse, il est pauvre, nu et déshérité, toujours vulnérable et toujours désespéré, comme si toutes ces richesses n'existaient pas!

S'il refusait, pour son malheur, d'en prendre possession, il serait vain de vouloir le convaincre que cette richesse existe, qu'elle est à sa portée, *offerte à sa libre disposition...*,car nul ne peut se faire entendre de celui qui ne veut pas entendre.

Or, les Lois de l'Eternelle Sagesse sont toujours valables.

L'homme sans idéal, qui néglige de s'ouvrir à sa Lumière intérieure, reste en déséquilibre au bord des abîmes.

La révolte des hommes contre l'Esprit ne détruit que les révoltés, qui sont alors les assassins de leur propre vie.

Cependant, la présence de notre pureté originelle, le calme radieux qui règne aux plans supérieurs de notre conscience, la Lumière en soi, sont les assises granitiques sur lesquelles s'architecture

l'épanouissement de l'homme.

En ce qui concerne *la pureté d'être,* il ne faut pas l'assimiler à la pureté superficielle d'une morale qui s'exerce uniquement sur le plan mental.

Notre pureté originelle est infiniment plus vaste. Nous dirions volontiers qu'elle est viscérale si cette expression ne comportait une référence organique. Il serait plus juste de dire qu'elle est « *spirituellement vitale* » pour marquer qu'elle concerne *la Vie à l'état pur aux lieux impollués de l'âme* et qu'elle est même la composante essentielle de notre être spirituel.

La Paix avec soi-même, la Paix en profondeur, commence par la conscience de cette pureté en soi qui grandit l'Homme, le rassure, l'harmonise et le met en état d'union.

Nous sommes ici sur l'aire de départ, à partir de laquelle tous les destins du monde peuvent prendre leur envol.

C'est la prise de possession d'un état de sérénité joyeuse, qui existe en nous depuis toujours, préalablement à toute prise de conscience.

C'est la prise de possession d'un rayonnement intérieur, à partir duquel chacun peut accéder à son plan d'harmonie.

Les feux des projecteurs sont ici braqués sur l'Essentiel : la présence sereine en soi est celle de la pureté originelle.

La Lumière de l'Esprit rayonne en nous à partir de cet épicentre.

Nous disons alors : le pur Esprit, la pure Lumière et la particule de pure allégresse, qui harmonisent les forces de vie, comme si nous allions faire la synthèse de la joie!

En cette Sagesse acquise, l'immense coulée de Lumière investit nos réceptacles épanouis et *s'opère notre jonction naturelle avec l'Harmonie en nos hautes demeures.*

Alors, plus que jamais, c'est en nous que chante la vie!

Relaxation et retraite spirituelle

Les impératifs de la technique mettent les hommes de notre temps en condition de tension permanente.

En cet état de tension, l'homme est sous pression, tendu vers les nécessités astreignantes de ses obligations, dans un effort qui provoque la fatigue et l'usure ; de sorte que, s'il n'y a pas, de temps à autre, une trêve salutaire, il arrive que le sujet craque physiquement et moralement en profondeur.

Qu'il s'agisse des chefs d'industrie, des fonctionnaires, des ouvriers ou des étudiants, de tous ceux qui ont la charge de responsabilités immédiates, cet état de tension pose des problèmes organiques qui sont résolus par le corps médical, notamment par les méthode de relaxation.

Ces méthodes consistent en des attitudes corporelles de détente qui permettent aux surmenés de se placer en condition de vie végétative.

Ces exercices se pratiquent généralement en position couchée, dans une ambiance paisible, les yeux fermés et commencent par une concentration du mental sur l'affirmation : *je suis absolument calme*, afin de provoquer un déconnexion pacifiante de l'organisme, selon la formule du Professeur Schultz, créateur de la méthode dite du *« training autogène »*.

Nous n'insisterons pas évidemment, sur les traitements appropriés qu'il appartient au médecins d'appliquer à chaque cas d'espèce; mais nous tenons à faire observer que *la nécessité de la relaxation, sur le plan organique, correspond à la nécessité du recueillement sur le plan spirituel.*

Au départ, les deux mouvements se ressemblent.

Ce qui les différencie par la suite, c'est que l'exercice de relaxation ou de training autogène est seulement physique — parfaitement bénéfique sur ce plan — mais constitue l'aboutissement de l'expérience : c'est en état de relaxation que se fait la détente organique, puis l'apaisement du mental.

Dans le recueillement, la relaxation représente le point de départ.

Ici, lorsque la conscience mentale apaisée devient *disponible*, nous rejoignons le processus de notre ascèse car, *à partir de cette disponibilité passive le recueillement incite le sujet à l'aspiration fervente qui lui ouvre le chemin de Lumière.*

A propos de cette aspiration intérieure, il est nécessaire de souligner l'obligation d'une authenticité dans la simplicité et d'une authenticité dans la ferveur.

Il arrive, en effet, que l'expérience ne donne pas toujours le résultat espéré lorsqu'elle se déroule dans la superficialité de l'être, lorsqu'elle reste verbale, mêlée encore aux complexités du mental et altérée de ce fait en sa manifestation.

C'est pourquoi il est essentiellement obligatoire que l'aspiration soit authentiquement spirituelle, simple et naturelle, *comme l'élan vers l'harmonie qui l'anime.*

Ceux qui ont pratiqué cette expérience peuvent dire que la Lumière est ici le point de départ aussi bien que l'objectif espéré : *l'homme part de sa Lumière intérieure et s'élève vers plus de Lumière!*

Au point de départ, sa Lumière est encore indécise, vacillante intermittente, comme un espoir de l'âme ; mais le fait est là, en sa réalité observable : *la Lumière grandit, s'épanouit en lui.*

Cette Lumière sereine, qui semble émerger de sa nuit, est aussi le bonheur, la joie et l'allégresse, *ce à quoi aspire chaque homme de la Terre.*

Avec la « civilisation des loisirs » qui, en notre temps, améliore la condition de l'homme, il serait souhaitable que le temps disponible ne soit pas toujours du temps perdu et qu'il soit affecté en partie aux actes essentiels qui améliorent la qualité de la vie, notamment à l'acte de ressourcement qui oriente l'homme vers sa véritable culture et à l'acte de recueillement qui l'oriente vers son véritable bonheur.

Malheureusement il en est rarement ainsi.

Dans la réalité des faits les vacanciers ne font que changer de tension. Ils ne s'exonèrent pas ou ne pensent pas à s'exonérer de leur turbulences.

Les voici, dès le premier jour de leurs loisirs, dans la file interminable des voitures, crispés à leur volant, attachés à leur siège. Ils ne se retrouvent pas, ils ne se ressourcent pas, ils s'évadent d'eux-mêmes, aux prises tout de suite avec la cohue...

Puis après des péripéties nombreuses et banales, des souvenirs de vacances, ils se retrouvent enfin en position de détente, allongés sur le sable pour bronzer au soleil.

Mais, qu'ils soient à la mer ou à la montagne, leur conscience véhicule les mêmes inquiétudes, les mêmes insatisfactions, les mêmes ombres, les mêmes rumeurs qui tourmentent leur surface.

C'est ce qui explique que le temps des loisirs n'est pas obligatoirement le temps du bonheur et que l'homme des vacances revient souvent de ses longs périples aussi dispersé, aussi fatigué, aussi perdu qu'il l'était avant son départ...

Nous souhaiterions que cette situation s'améliore.

La question : « des loisirs, pour quoi faire? » a été maintes fois posée et des réponses pertinentes lui ont souvent été faites; mais notre réponse à cette question est d'un ordre plus grave et plus essentiel.

Ce n'est pas seulement le temps des vacances qui est concerné par notre réponse, c'est aussi le temps de tous les jours!

Nous voulons convaincre les hommes — qui apprécient le temps des loisirs — que le temps du recueillement est infiniment plus précieux encore, parce qu'il donne infiniment plus de bonheur, puisqu'il les aide à franchir les nouveaux paliers de la Connaissance et leur ouvre le chemin de la Plénitude!

Nous aurons à les convaincre ensuite — et ce sera, dès lors, plus facile — qu'ils peuvent s'offrir chaque jour de leur vie ce luxe inespéré : *retrouver chaque jour avec leur Lumière intérieure, le courage, la patience, le calme dont ils ont besoin, la sérénité joyeuse qui est leur bien le plus précieux, leur meilleure façon d'être en harmonie avec eux-même et avec les autres.*

Enfin, pour couronner cette tentative, notre réponse doit leur conseiller, pour leurs vacances, d'abandonner le tumulte des foules, les itinéraires à la mode ou les plages sophistiquées, *en faveur des hauts-lieux du monde favorables au ressourcement.*

Oui, mais... ces hauts-lieux du monde existent-t-ils ?

Dès 1970, en notre *Jeunesse sans déclin,* nous avions fait le pari qu'ils existeraient dans les cinq parties du monde, avant la fin de ce siècle.

Or, ils existent déjà en Europe sous la forme d'ermitages et de Centres organisés en tant que *lieux de retraite spirituelle.*

L'« Espace spirituel » de Kerguénec en Saint-Molf (44350 Guérande), en Bretagne, est un modèle du genre.

Sur une superficie de 100 hectares de nature boisée, agrémentée de pièces d'eau, c'est une oasis de silence et de paix où chacun peut se ressourcer dans le recueillement.

Dès qu'il franchit le porche du domaine, le visiteur est saisi par l'harmonie qui s'offre à lui : une modeste chapelle en granit se découpe sur le ciel, face au manoir restauré qui voisine avec d'autres bâtiments.

Comme l'ont voulu ses organisateurs, l'ensemble constitue un ensemble spirituel. C'est un havre de paix.

C'est aussi un havre de liberté : aucune directive n'est imposée à l'emploi du temps de chacun. Nul ne pose de questions, si ce n'est à lui-même. Chacun est libre de trouver en ce lieu, par les moyens qui lui conviennent, ce qui correspond le mieux à ses besoins particuliers.

Ainsi le visiteur prend-il conscience de vérités importantes : *« Il faut que quelque chose se taise pour que l'essentiel soit entendu. Il y a un temps pour courir et un temps pour s'arrêter, un temps pour parler et un temps pour écouter, un temps pour changer d'air et un temps pour chercher Dieu »*.

Chacun de nous voudra encourager, par sa présence, des tentatives de cet ordre.

Aussi court soit-il, un séjour en l'un de ces hauts-lieux du monde favorise l'évasion hors des problèmes quotidiens, favorise aussi la méditation, *la conquête de la sérénité* et rejoint parfaitement nos objectifs.

CHAPITRE VI

L'ACTE DE RECUEILLEMENT

Le ressourcement essentiel

Si les hommes apportaient à la culture de leur force morale le même soin qu'ils apportent à leur culture physique, nous connaîtrions déjà une nouvelle dimension de notre Humanité.

La culture morale et spirituelle, qui ne s'apprend pas dans les écoles, commence, pour les sages, à partir du recueillement.

Les hommes qui négligent cette culture vivent à la surface d'eux-mêmes et ne connaissent pas la prestigieuse richesse de leur nature.

La grande sagesse de l'homme, qui est aussi son plus grand bonheur, est de cultiver en lui l'harmonie, la ferveur, l'enthousiasme et l'élan qui le portent vers sa Lumière.

C'est ta pureté intérieure qui donne à ta vie son rayonnement. C'est en état de pureté, donc *en état de recueillement*, que tu accèdes à la connaissance de l'Essentiel.

L'intention de l'Intelligence créatrice, qui correspond à ton aspiration la plus profonde, est que tu prennes possession de l'Essentiel, que tu t'appliques à le bien définir, que tu te centres sur sa réalité, *pour qu'il occupe la première place en ta vie.*

Lorsque tu négliges de cultiver en priorité ce qui a priorité sur tout, tu es, par cela même, en difficulté par rapport à l'évolution.

Si tu es tiède, passif ou indifférent par rapport à la Lumière de l'Essentiel, son rayonnement ne te pénètre pas. Tu es coupé de ta source.

Or, tu as besoin pour ton bonheur, pour ta sérénité, pour l'épanouissement de ta vie, que ta source soit présente!

Il importe donc au plus haut point que tu écartes de toi, le plus possible, ce qui est inutile, superficiel ou secondaire.

Pour cela il suffit que tu te recueilles chaque jour au sein de la Lumière vivante qui t'appelle à la vie.

A qui te demanderait ce que tu entends par l'Essentiel, tu répondrais sans hésiter que c'est précisément *l'heure de ce ressourcement!*

Tu avances vers ta vérité lorsque tu prends conscience, au temps de ton recueillement, que ta pureté intérieure est source de joie.

Recueillement, ressourcement, silence. Te voici, comme chaque matin, au point de communion où tu te retrouves profondément pacifié.

Nous te conduirons bientôt, au-delà du silence, au-delà de cet état limite qui est la frontière des mondes.

Nous voulons qu'aujourd'hui, avec l'aide de ton aspiration fervente, tu pénètres *dans l'autre dimension de l'harmonie* pour mieux comprendre et pour mieux aimer les révélations qui t'y sont faites.

Abandonne-toi à l'Esprit qui te transcende. Oublie ton corps organique, qui est seulement l'enveloppe de ta vie, oublie aussi, pour un moment, ton intellect qui est l'instrument, la machine à traduire et à exprimer, pour découvrir en toi *la source,* que nous désignons par :

Ta haute-Conscience sereine,

Ou le champ de ta pureté originelle.

Et sache que tu es immergé en ton rayonnement.

Dès que tu es conscient de cette immersion, tu ressens un parfait apaisement, *une qualité d'être au sein d'une première allégresse.*

C'est à partir de cet apaisement en profondeur que va s'architecturer désormais ton ascèse par une prise de conscience progressive de ce nouvel état.

Tu *ES* déjà au-delà de la frontière, en condition d'ouverture sur ton plan d'harmonie.

Rien ne sert de courir ou de brûler les étapes pour arriver dans le moindre temps. La montée de l'homme vers sa Lumière ne sera jamais une course contre la montre.

Elle comporte au contraire de nombreux arrêts, qui sont nécessaires pour faire le point.

C'est la halte heureuse au cours de laquelle le pèlerin de la vie, faisant preuve de patience, mesure le chemin parcouru, regarde devant lui les repères qui balisent sa route, *pour orienter plus fermement sa direction.*

Qu'adviendrait-il d'un explorateur qui partirait seul dans la nuit, à l'aventure, sans aucune connaissance du terrain et qui négligerait les indications de la boussole ou celles des étoiles offertes dans le ciel ?

Il ne tarderait pas à buter sur les obstacles et l'on dirait de lui qu'il est d'une inconséquence totale!

Mais, lorsque les hommes avancent dans la vie sans jamais se référer à leur Lumière intérieure, l'inconséquence mortelle dont ils se rendent coupables ne frappe pas les esprits...

Il n'en reste pas moins que ces voyageurs téméraires, perdus dans leurs ténèbres, rencontrent d'énormes difficultés, tournent en rond sans jamais progresser.

Ils ne progressent pas vers l'Essentiel, ils ne *vivent* pas, au sens noble du verbe, ils durent en leur superficialité, sans la moindre perspective d'un bonheur durable, sans jamais trouver en leur âme l'allégresse qui, à leur insu, accompagne toute vie.

Pour toi, ami lecteur, compagnon de notre longue route, il n'en va pas de même!

Tu es en marche vers la plus merveilleuse Odyssée.

A chaque recueillement ta Lumière est présente. A chaque recueillement tu sais qu'*une large vague de sérénité s'étend sur les heures qui suivent* et fait un jour faste de ce jour de ta vie qui, sans cela, aurait pu être quelconque.

Pour avancer vers la Plénitude, il te suffit maintenant de multiplier les points de rencontre en ta conscience spirituelle, *de multiplier les rendez-vous de grâce avec TA Lumière!*

A partir de là, tu concevras que certains mystiques, retirés en leur secrètes thébaïdes, puissent accéder à un état extatique de l'âme.

Cependant ton expérience est différente : tu es confronté chaque jour avec les réalités matérielles. Tu vis parmi les hommes, tu partages leurs difficultés, tu subis leur influence et le combat de chacun est ton propre combat.

Lorsque tu résouds ton problème, c'est souvent le problème de chacun que tu résouds et ta victoire, lorsque tu la remportes, est celle de tous.

Lorsque tu as une faiblesse, lorsque tu hésites au seuil de l'inconnu, chacun se reconnaît en toi car tu n'es pas séparé du monde.

Comme chacun de ceux qui t'ont précédé sur le chemin de Lumière, tu es à ton tour *premier de cordée.*

Il est donc bien naturel que cette position avancée comporte quelques risques, notamment celle d'être provisoirement seul.

Pourtant nous nous empressons de te le dire, un lien de fraternité t'unit en permanence avec ceux qui se préoccupent de l'Essentiel et qui s'élèvent vers les plus hautes dimension. Tu n'es pas en discordance avec les autres.

Les discordances ne se manifestent que sur le plan mental. Lorsque les hommes se divisent, s'affrontent et parfois se déchirent, c'est toujours au niveau de leur conscience instinctive et de leur conscience mentale que les distorsions se situent.

L'expérience que tu vis se déroule *sur un plan d'harmonie.*

Tu n'as pas à redouter ton isolement. D'ailleurs tu es moins isolé que les autres, en définitive, si tu tiens compte que les hommes de ton temps, s'ils communiquent difficilement avec toi, communiquent encore plus difficilement entre eux, étant bien précisé pour éviter toute confusion, qu'ils communiquent superficiellement *et non dans leur essentialité*, chacun restant isolé des autres par les barrières du mental.

Nous te demandons seulement de suivre notre recommandation capitale :

Pour augmenter la coulée de Lumière qui investit tes canaux et progresse vers tes profondeurs dans un épanouissement de vie qui est allégresse, reviens à la Source, augmente sans cesse le temps de ton recueillement, multiplie l'étendu de ta communion.

Cet acte de ressourcement, toujours renouvelé, que nous avons précisément défini, transcende tout ce qui est médiocre, négatif, superficiel ou secondaire, crée un nouveau style de vie, *éclaire ton Destin d'une nouvelle espérance.*

Ton bonheur est dans la continuité.

L'allégresse en toi est étroitement liée à ta Connaissance de l'Essentiel, à ton amour pour la Lumière.

L'âme à l'écoute...

Tu es un être de silence et de recueillement, puisque tu lis ce livre ; du moins aspires-tu à le devenir, ayant compris que c'est la continuité de cet apaisement intérieur qui assure l'unité de ta vie.

Ta sagesse consiste à revenir chaque jour, avec une fidélité plénière, *aux sources même de cette harmonie.*

Lorsque pour une raison quelconque, tu casses le rythme de cette continuité, tu observes une distorsion momentanée qui affecte ton psychisme, comme si tu sortais de ta dimension de sérénité, pour revenir tout vulnérable, semble-t-il, en ton élément de turbulence.

Or, tu le remarques chaque fois et nous le soulignons ici : ce dénuement provisoire n'est qu'apparent. Certes, le rayonnement que tu portes est momentanément occulté par la multitude des discordances superficielles venues de l'extérieur, mais *il ne cesse d'exister.*

Tu le retrouves instantanément au premier signal de ta haute-Conscience, par un Mouvement intérieur qui te met *à l'écoute de l'Essentiel.*

Etre à l'écoute est la fonction même du recueillement.

Il importe au plus haut degré que l'âme soit attentive, en condition de réceptivité, ouverte à l'Inspiration, ouverte à la Lumière.

Le Destin se joue sur la qualité et la permanence de cette ouverture.

Lorsqu'elle est à l'écoute, ton âme est en son bonheur. *Au meilleur de toi-même tu es en harmonie sur tes hautes-demeures.*

En ces quelques minutes de ton recueillement au sein de ta richesse intérieure, le rayonnement d'une Plénitude qui te semble lointaine te traverse.

La force de ce rayonnement augmente ton ardeur, multiplie la ferveur de tes aspirations, épanouit les perspectives de ta vie!

C'est dire par là combien l'importance du recueillement dépasse toutes nos espérances. Nous y insistons car les choses essentielles, pour être entendues, ont besoin d'être longtemps répétées.

L'essentialité de cette importance n'apparaît pas spontanément à tous. Certains pensent même sérieusement qu'il s'agit là de temps perdu... alors que le temps perdu est celui qui est consacré aux superficialités et à l'inutile!

Il est d'ailleurs facile de remarquer que seuls sont « *débordés* » par les impératifs de leur actualité ceux qui se désintéressent de l'Essentiel.

Cela peut sembler un paradoxe, mais l'observation des réalités montre que *l'homme du recueillement est aussi l'homme de l'organisation.*

Lorsqu'il a fait tout ce qu'il doit faire, il a encore, sans se presser le moins du monde, le temps de vivre intensément, à chaque jour qui passe, les grands moments de sa vie qui constituent pour lui un enrichissement continu et la source des plus hautes satisfactions!

Au cours de ton recueillement, sois réceptif, sois ouvert à la Lumière, sois ouvert à ta victoire et sache que la qualité de ton Destin est conditionnée par la qualité de tes vertus!

Lorsque tu dis : *ce jour est un jour de victoire*, ce n'est pas un exercice d'auto-suggestion que tu fais : c'est un acte de libération, une échappée, une envolée vers ta haute-Conscience de Lumière qui est le siège de toutes les victoires!

Certes, il serait vain de parler de victoire à des hommes qui croient à leur défaite irrémédiable parce que leur vie superficielle, encombrée de soucis, ne laisse aucune place à l'espoir.

Mais tu le sais maintenant par ton expérience vécue : *tu nourris toujours en toi de nouveaux espoirs lorsque tu parles de victoire.*

La qualité de ton recueillement se mesure à la qualité de la joie intérieure qui l'accompagne. Lorsque le silence est en toi, lorsque tu es *à l'écoute de l'Essentiel,* capte avec précision l'infime particule d'allégresse qui semble filtrer en tes canaux ; puis, dès ce contact, ouvre immensément tes réceptacles.

Tu comprendras alors que l'allégresse n'est pas infinitésimale, c'est ta capacité de réceptivité qui est encore embryonnaire et qui va progressivement s'agrandir!

Ainsi procède ton épanouissement.

Nous te demandons de mettre ces recommandations en pratique aujourd'hui même, *pour acquérir la maîtrise de ton élévation.*

Le sens de la sagesse, qui détermine ce Mouvement intérieur, s'il est connu depuis la plus lointaine Antiquité, est resté secret parce qu'une infime minorité a bénéficié de ses vertus. De nos jours, malgré les immenses progrès accomplis dans tous les domaines, il est pratiquement inconnu du plus grand nombre.

C'est un sens particulier qui se développe seulement par l'usage, un sixième sens que nous appelons : *le sens de la Lumière, le sens de la Plénitude, ou le sens de la Grâce.*

Seuls peuvent ambitionner d'en avoir la disposition ceux qui persévèrent dans la recherche et l'expérience de ses virtualités qui sont extrêmement bénéfiques.

Aucune Connaissance de soi ne peut progresser au-delà des limitations coutumières du mental, tant que le subtil mécanisme qui *commande ce ressourcement est bloqué.*

Certes, une affinité naturelle pour cette haute-Conscience de soi existe pour la plupart d'entre nous ; mais cette affinité, ou la compréhension épisodique de notre dimension sereine, ne suffit pas pour que s'opère, dans la réalité de soi-même, le changement d'état.

Il est indispensable que le déclic se produise, que la déconnexion avec la superficialité de l'intellect se fasse effectivement. Il est essentiel que s'effectue, dans le recueillement, le retour au point de grâce où le mental s'apaise, où règne l'harmonie dans le silence, où chacun se trouve alors pacifié en profondeur.

Ainsi nous avançons lentement, mais nous avançons tout de même, vers la connaissance d'une réalité intérieure qui nous semblait naguère inaccessible.

Ainsi pouvons-nous déjà porter témoignage que, par ce mouvement de la conscience et de l'âme, nous retrouvons chaque jour la Lumière et la joie!

Ainsi se précise l'objectif de notre recherche vers les plans supérieurs de la vie, que nous abordons ici au temps des Plénitudes.

Le sourire de l'ange

A la notion élémentaire des nourritures terrestres, que Gide a si bien développée, nous superposons *l'abondance et l'efficacité* des Nourritures spirituelles qui entretiennent, pour les épanouir, les plus hautes virtualités de la vie.

Par ce pain suprême qui est donné à tous, s'amplifie le courage et renaît l'espoir.

En ces jours heureux, *où tu commences à vivre ton recueillement quotidien*, il est bon pour ta conscience que chaque jour de ta vie soit véritablement le jour de renaissance, le jour du renouveau, l'épanouissement de plus en plus clair et de plus en plus prestigieux d'une nouvelle aurore.

Pour que tu saches bien, en ce temps des Plénitudes qui est en toi, la victoire de l'évolution, *que cette victoire est vivante.* Si vivante, si présente et si disponible, si constante en son jaillissement, qu'elle est désormais ta plus haute raison d'être.

Non plus *être* au jour le jour ou à la petite semaine, avec des ambitions et des satisfactions médiocres, mais *ÊTRE* dans cette harmonie de coulée de Lumière en toi qui propulse vers tes abysses la plénitude de sa splendeur.

Ne refuse pas de t'ouvrir immensément à cette nouvelle perspective.

L'aurore intérieure toujours renouvelée, exalte en toi

l'enthousiasme d'un autre langage et tu ne peux donner à cette réalité l'éclat qui lui convient qu'avec les mots nouveaux qui définissent la Plénitude.

C'est pourquoi les mots les mieux adaptés à cette dimension supérieure, pour acquérir leur signification exhaustive, devraient être assortis d'un coefficient de puissance représentant la multiplication d'une ferveur existante, répertoriée comme réelle sur le plan élémentaire de la conscience et retrouvée, *puissance 10,* sur son niveau d'expansion.

Lorsque tu conçois, une pureté puissance 10, une ferveur enthousiaste puissance 10, par une plus haute compréhension de tes états supérieurs, tu vas au-devant d'une convergence de grâce!

Il se produit alors une complémentarité radieuse entre ce qui est et ce que tu comprends, entre ce qui est et ce que tu aimes, entre la réalité de ta Plénitude et son rayonnement en toi puissance 10, en parfaite concordance avec tes aspirations les plus secrètes.

Tu aspires ainsi, de toute la ferveur silencieuse et réceptive, à la plus haute qualité de vie. Tu aspires à vivre la Plénitude de l'instant, en harmonie avec toi-même, au sein de l'universelle harmonie.

Recueille-toi longuement dans la pureté de ce silence créateur où se révèle dans une convergence de grâce, la Lumière de ton devenir.

Abandonne-toi avec une confiance plénière, à l'élan qui te porte vers ton nouveaux Destin.

Le plus haut moment de chaque jour sera désormais celui de ton recueillement, ce rendez-vous avec toi-même auquel tu es rigoureusement fidèle avec tant de bonheur!

C'est ici que s'élabore, au sein de ta conscience, le processus de ton évolution.

Durant longtemps encore, les vieilles habitudes de penser, un ravinement discontinu sillonne encore ta conscience mentale, avec des pôles d'attraction fixes : intérêt personnel, convoitises de tous ordres, particulièrement astreignantes, dont chacun est plus ou moins l'esclave...

Mais tu maîtrises progressivement ces habitudes et voici qu'au-dessus de ce monde clos se forment lentement de nouveaux canaux qui convergent tous vers le même point, vers la même Source, vers la même Lumière!

Ils t'élèvent vers ton état de pureté, vers ce meilleur de soi inconnu, vers ce monde meilleur qui est en nous et autour de nous, auquel chacun aspire au secret de son cœur!

Comme il existe des circuits négatifs de la pensée, qui exercent une pression néfaste sur le psychisme, il existe et il va exister de plus en plus, pour toi, un circuit optimal, positif et créateur d'harmonie, qui commande le passage de la Lumière en soi, qui exalte la ferveur d'être aux abysses de la vie!

Pour la première fois tu commences à prendre ici conscience d'une sérénité immuable en toi, dans cette joie pacifiante de l'instant qui est le sourire de l'ange.

Le rayonnement intemporel

Nous sommes loin encore d'une permanence de grâce ; mais il serait souhaitable qu'elle s'imposât à toi avec une fermeté continue.

Il est nécessaire, pour cela, que tu t'appliques, chaque jour davantage *à prendre conscience de cette réalité.*

Il s'agit, pour le moment, de fortifier ton potentiel de ferveur et d'améliorer sans cesse ton état de réceptivité, pour ne pas rester tiède ou indifférent à tes Hautes-demeures, mais au contraire à te tourner résolument vers elles, pour t'ouvrir le plus possible à leur radieuse présence.

Tu as entendu parler du *« cordon d'argent »* qui unit le corps physique au corps ethérique et qui se rompt au moment de la mort, lorsque l'âme rejoint son empyrée. C'est une attache semblable qui unit ta conscience à la Lumière essentielle qui lui donne vie.

C'est le lien qui t'unit à ta dimension spirituelle.

Accéder par la conscience à la dimension supérieure de toi-même, constitue la première étape de ton parcours.

Dans un monde qui souffre d'un complexe de précipitation, où les hommes ne semblent jamais avoir de temps disponible pour le consacrer à l'Essentiel, il n'est pas inutile d'insister sur la nécessité *d'une progression ordonnée dans le silence quotidien.*

C'est seulement quand tu disposes de la *CERTITUDE* de la présence transcendantale en toi, que le parcours de cette première étape est réellement accompli.

Certes, *cette harmonie en toi* est encore abstraite et tu ne perçois que confusément ses vertus ; mais tu n'as pas à t'émouvoir de ce fait.

C'est une onde parallèle, d'une autre dimension, qui s'inscrit en filigrane sur la vie apparente de l'être et s'épanouit au-delà de sa superficialité.

Tu sais son existence et tu aspires à mieux connaître sa réalité.

C'est ce qui va se produire au cours de la seconde étape : *l'accession réelle mais intermittente à ta dimension d'harmonie.*

Ne te presse pas. Ne demande jamais plus qu'il ne t'est donné.

Déjà, sans que ce soit encore une évidence, du fait même de ton ascèse, tu reçois d'immenses bienfaits, comme en témoigne ton contentement intérieur.

Il n'empêche que tes incursions sur ton plan d'harmonie sont encore rares, souvent incomplètes, toujours fugitives et vites oubliées...

Nous te demandons expressément de t'en satisfaire.

Au cours de ce deuxième temps, « toujours au-delà » doit être ta devise; *car la lumière te précède, élargit ton horizon, te montre où tu vas, donne une cohésion à ta recherche, éclaire ta progression* pour qu'elle ne se fasse pas à tâtons dans la nuit, avec cette inquiétude de ne rien trouver qui stérilise parfois l'élan des velléitaires.

Tu abordes maintenant la troisième étape de ton évolution, qui te rapproche de la porte étroite, avant le franchissement du seuil de Lumière.

Ici, il y a rencontre au sommet. *Il y a réalité de communion.* Non pas encore sur tous les plans ou sur tous les niveaux de ta conscience mais, tout au moins, *sur un point de ta conscience qui est, dès lors, comme une étoile en toi.*

C'est un rayonnement en toi dont la présence immuable est la source inépuisable de toute harmonie, de toute allégresse et de toute plénitude.

Nous voudrions exprimer par des mots nouveaux *le rayonnement intemporel* dont tu prends possession; mais ces mots ne sont pas pour le moment, dans notre vocabulaire.

Par contre, nous te recommandons de te familiariser avec la «Deuxième Prière», intitulée *Communion de grâce,* qui marquait en 1972 le point culminant de notre recherche, au temps de *Pari pour le bonheur.* En voici le texte :

COMMUNION DE GRÂCE

JE M'UNIS A TOI, O LUMIÈRE,
JE FAIS ALLIANCE AVEC TOI ET JE T'AIME.
JE M'INTÈGRE ET JE PARTICIPE A TON RAYONNEMENT
POUR QUE SE DISSOLVE EN MOI
LA MINCE PELLICULE DE TÉNÈBRES
QUI ME SÉPARE ENCORE DE TA SPLENDEUR.
JE TE REÇOIS EN MON CŒUR PLEIN D'ÉTOILES
ET JE COMMUNIE AVEC TOI
AU PLUS PUR ET AU PLUS SECRET
DE MA SUBSTANCE VIVANTE

Multiplie le temps de cette communion. Tel est le conseil que nous te donnons ici *pour fortifier ta prestigieuse alliance!*

Communion de grâce, rayonnement intemporel de la grâce. Désormais il y aura toujours en toi, aussi infime soit-elle, une conscience précise de ce rayonnement.

Par là tu es en harmonie avec la source même de ta Plénitude.

Prends aujourd'hui conscience que la Paix est déclarée en toi et que cette déclaration de Paix est un événement capital dans ta vie, celui qui laissera la trace la plus profonde sur l'ensemble de ton Destin!

Cette troisième étape, avant de t'engager dans le chenal étroit qui précède le seuil de la Plénitude, où tu accompliras les Mouvements qui te conduisent vers elle, est bien celle de ta Pacification intérieure.

Dès qu'elle sera réalisée, il y aura une réponse en toi, comme un écho d'harmonie qui s'élève de ses profondeurs et que tu percevras clairement ; c'est lorsque tu vivras dans la continuité de ton état paisible que tu seras vraiment pacifié!

Reste ainsi, chaque jour, au temps de ton recueillement, longtemps abandonné à la Lumière essentielle qui t'investit, pour fortifier tes attaches et creuse les canaux par lesquels le rayonnement intemporel épanouit tes perspectives!

Progression sur le plan d'harmonie

Avec la pratique du recueillement, tu as pris jusqu'ici un certain recul par rapport aux circonstances et aux conditions matérielles de la vie. Tu es suffisamment en retrait, par rapport aux influences nocives, pour ne pas subir directement leur érosion.

Ainsi procède ta libération progressive.

Mais tu es trop perspicace pour ne pas te rendre compte que tu as encore un long chemin à parcourir *pour accéder à l'état permanent de sérénité.*

C'est exactement sur ce chemin que nous allons tenter de progresser ensemble car tu as pris conscience que cette progression est la réussite de ton évolution.

Elle est la victoire de l'homme par la maîtrise de sa dispersion, donc par la maîtrise de sa dimension mentale.

Tu prends de la hauteur par rapport aux médiocrités, aux superficialités, aux inutilités de la vie. Tu te libères des discordances et cette libération t'aide à prendre possession, partiellement, de ton nouvel état d'harmonie.

Tu t'installes ainsi, chaque jour, d'abord pour quelques minutes, dans la sérénité.

Dans ces quelques mots, qui paraissent tout simples, il y a la révélation de la possibilité la plus exaltante qui puisse t'être offerte à ce stade de ton ascèse.

Tu décroches de ton actualité le train de tes préoccupations coutumières, la masse compacte des inquiétudes qui pèsent, plus que tu ne le crois, sur tes épaules et les fatiguent.

A l'heure du silence et du recueillement, fais alliance avec ta dimension sereine, tandis que des feux s'allument aux abysses des mondes qui peuplent ta nuit.

C'est par un usage patient que se formeront en toi les canaux qui te relient à l'Essentiel, au-delà des superficialités du mental, comme se sont creusés depuis longtemps les canaux qui véhiculent toutes les associations d'idées, toutes les images, toutes les comparaisons et les connaissances pratiques dont tu disposes.

Mais la nouvelle voie qui se dégage en toi *donne accès* à ta dimension supérieure et t'ouvre, dès lors, de radieuses perspectives.

Elle commande un nouveau style de vie, et révèle une allégresse inconnue au sein de ta substance.

Nous te demandons de persévérer avec ferveur au dégagement de cette voie, *ouverte sur un commencement de plénitude.*

Il ne s'agit pas d'une opération complexe. *Il s'agit d'un mouvement de la conscience*, oublié à travers les siècles, qui ressurgit de temps à autre chez ceux d'entre nous qui pratiquent le recueillement, chez les sages, les penseurs, les mystiques ou les religieux ; alors étant à la portée de tous il devrait être à la base de toute Culture digne de ce nom!

C'est de cette véritable Culture qu'il s'agit, très précisément ici.

Pour toi, comme pour tant d'autres, *c'est la découverte du monde inespéré que chacun porte en soi!*

Tu n'es pas à la recherche de phénomènes paranormaux : tu es à la recherche d'une réalité vivante. Ton approche de cette réalité est satisfaisante lorsqu'elle est patiente, ordonnée et ardente.

Il est donc nécessaire que ces trois qualités, dont dépend directement ton évolution, soient l'objet de tes meilleurs soins, que tu fasses preuve d'une patience inépuisable, que tu deviennes toujours mieux ordonné et toujours plus fervent.

Prends conscience de ce que tu ES au plus pur de toi-même lorsque tu es en état de recueillement.

Par cette courte injonction, lorsque tu l'acceptes et que tu la mets en œuvre, tu avances beaucoup plus loin dans la connaissance de toi.

Grâce à elle, tu perçois plus clairement ce que tu cherches, ce que tu veux atteindre, c'est-à-dire *l'Essentiel dont tu veux prendre possession.*

C'est une autre dimension de toi que tu découvres.

Or, savoir que cette dimension existe constitue la première condition de ta réussite.

Chercher au hasard, sans savoir où l'on va, chercher sans conviction ou dans le désordre n'aboutit à rien. Mais, lorsque tu sais ce que tu cherches, lorsque tu as la certitude que l'objet de ta recherche existe au point où tu aspires à le rencontrer, lorsque tu œuvres dans le calme de ton silence intérieur, lorsque tu t'orientes avec ferveur sur la Connaissance de ta Lumière, nous te le disons ici : *la Lumière rayonne en toi, tu es investi par ta victoire.*

Au cycle de ce mouvement ascendant qui te porte à la rencontre de ta Lumière essentielle, *succède le cycle de l'accomplissement où tu deviens immensément offert, en ta Paix immobile, immensément réceptif et comme abandonné à la grâce reçue.*

C'est au cours de ce nouveau cycle que l'allégresse en toi épanouit ta vie.

Une harmonie nouvelle exalte ses vertus tandis qu'une pureté, inconnue dans l'amour de ton cœur, révèle en toi le passage de la Lumière.

Rien ne saurait révéler l'éclat de cette révélation. Tout serait terne en toi sans l'amour!

La clé de toute abondance est d'aimer : aimer ce que tu fais, aimer ton prochain, aimer l'Esprit qui te transcende dans tes œuvres.

Par l'amour que tu éprouves au temps de ton recueillement, l'homme inconnu de toi, qui se révèle en toi, qui est peut-être le surhomme de demain, vient de naître et participe déjà à son éternité.

Nous livrons cette annonce prophétique à tes réflexions.

Ne crains rien. Ne crains jamais rien et surtout pas d'être dépassé par ton actualité.

Tu aperçois maintenant la Terre du Paradis qui t'appartient pour toujours et que tu commences seulement à posséder.

Il a fallu des millions d'années pour que l'amour de Dieu prenne naissance dans l'âme de ses créatures.

S'il existe des mondes plus parfaits et plus évolués que les nôtres, c'est parce qu'ils connaissent plus de Lumière et parce qu'ils éprouvent plus d'amour.

Lorsque nous pouvons dire la pureté, l'élan de ferveur et d'amour vers la Lumière de l'Esprit, *tout est dit dans l'Essentiel* de ce qui est à dire, car cette vision simple et grandiose du monde s'intègre profondément à la réalité de la vie.

Notre humanité aura fait un énorme progrès lorsqu'elle concevra que *l'Essentiel tient peu de place dans son destin tant qu'il ne tient pas toute la place dans la conscience des hommes.*

Elle saura alors, avec certitude, ce qu'il y a au-delà des quelques vérités qui lui sont devenues évidentes.

Elle saura que, lorsqu'il s'agit d'élan, de ferveur et d'amour, de pureté et de Lumière, *c'est de l'âme qu'il s'agit, de l'âme immortelle dont la divinité nous transcende et donne à la vie la grandeur de son harmonie intemporelle.*

Pour le moment, beaucoup d'entre nous vivent encore à la surface d'eux-mêmes et tiennent, peu ou prou, le compte à rebours des jours qu'il leur reste à vivre...

Cependant, au point où nous en sommes, nous ne croyons pas à la fin des Temps. Nous faisons confiance à la vie, nous faisons confiance à la mort.

Certes, nous ne savons pas grand chose par rapport à tout ce que nous avons à apprendre ; mais cette ignorance doit d'abord nous ramener au sentiment de notre humilité et nous faire comprendre ensuite ceci : *l'infime particule de Sagesse que nous détenons serait chargée d'une plus haute signification si nous pouvions considérer un seul instant l'immensité des richesses qu'elle recèle!*

Malheureusement, nous sommes encore trop absorbés par la turbulence de notre actualité de sorte que les lois de la Sagesse, qui sont à notre portée, ne nous préoccupent pas suffisamment.

Il serait souhaitable qu'elles nous préoccupassent davantage et c'est pourquoi nous les rappelons ici pour qu'elles soient adoptées, par chacun de nous, le plus souvent possible, comme thème de réflexion :

Connais-toi toi-même.

Vis intensément dans le présent et vis dans l'Essentiel.

Honore ton temps de vie et sois digne du temps qui passe.

Sache bien, en ta certitude étoilée, lorsque tu fais chaque jour l'acte de recueillement, que ton âme est immortelle et que ta conscience progresse au sein de son éternité.

Lorsque ces réflexions te seront devenues familières, tu constateras une progression de ton emprise sur ton plan d'harmonie.

En l'état de recueillement, *que tu assimileras bientôt à un état de conscience séparée,* ce sera alors pour toi la découverte effective de ta Paix intérieure, de cette sérénité immuable, de l'allégresse qui vit en toi et de la grâce qui transcende toute ta vie.

CHAPITRE VII

LA SOURCE VIVE

Capter les sources perdues

Au point de grâce où s'achève ton premier Mouvement vers la Plénitude, dont nous étudierons bientôt le deuxième mouvement, se révèle à ta conscience une plage de silence et de calme vers laquelle se concentre ta ferveur d'être.

C'est un havre de Paix, une zone de pureté en toi d'où émerge une harmonie joyeuse.

Il suffit maintenant que cette joie naissante prenne corps, se matérialise, devienne vivante et s'intègre à ta vie

Tu le pressens, tu le sais et nous t'en donnons ici la certitude : l'allégresse que tu connais présentement est insignifiante par rapport à celle *qui pourrait être.*

L'harmonie que tu perçois et qui se révèle à toi par intermittence, n'est qu'une parcelle infime de l'Harmonie universelle qui t'appartient et dont nous te dirons, de temps à autre, *qu'elle est l'harmonie radieuse en toi.*

Nous sommes en présence d'un phénomène de non révélation ou de révélation fragmentée. C'est une situation à maîtriser pour accéder à l'épanouissement.

Ce qui se passe est comparable à ce que savent les géologues : au sein de la Terre, même dans les régions les plus désertiques, sous le sol aride et desséché, d'innombrables filets d'eau non captés circulent indéfiniment et se perdent indéfiniment dans les cavernes de la nuit.

Quel chercheur génial pourrait-il détecter ce ruissellement continu et transformer le désert en Oasis ?

Or, en profondeur de ton être, coulent des sources qui se perdent. De temps à autre durant ton recueillement, tu en captes quelques-unes au passage; mais tu n'es pas encore irrigué par tes sources et tu n'es pas inondé de leur abondance!

Sache que ce n'est pas une insuffisance qui fait obligatoirement partie de ta nature et que ta nature renonce à surmonter.

NE RENONCE JAMAIS, jamais, entends-tu bien ? Car tu es près du but et jamais tu n'en as été aussi proche!

Un rien te sépare encore du flot continu de tes sources vives. Et ce rien consiste en ceci : *un manque de cohésion dans le ressourcement.*

Certes, tu es venu maintes et maintes fois, au cours de ton recueillement quotidien, te désaltérer au cœur même de ta Source et cet acte est le bonheur de ta vie.

Cependant ta communion avec l'Essentiel est intermittente : tu ne possèdes pas ta source en permanence, tu ne captes pas son abondance. Tu ne reçois encore que quelques gouttes d'un breuvage qui étanche à peine ta soif, *alors que d'ineffables ivresses sont à ton entière et immédiate disposition.*

Une contradiction abusive s'exerce au niveau de ta conscience mentale et ferme les voies d'accès qu'il faut désobstruer car les sources ne franchissent pas la barrière des sédimentations durcies jour après jour le long de la vie.

Pour effectuer le captage des sources perdues, une décontraction, méticuleusement organisée, peut retourner cette situation apparemment irréversible.

Lorsque tu sauras t'abandonner à la sérénité de ton pur silence, ton ressourcement sera plus efficace; mais il ne s'agira pas d'un abandon passif, il s'agira d'une ouverture confiante de soi, suivie d'une aspiration fervente, dont nous allons maintenant définir le processus.

Le centrage de la conscience sur sa réalité intérieure n'est pas conditionné par une tension du mental.

C'est un abandon harmonieux, librement et joyeusement consenti, à un réalité qui n'est pas organique et que nous allons tenter de préciser ainsi : ton corps est matière et ce n'est pas sur cette matière que porte ton abandon car tout ce qui est matière est une apparence de vie sous laquelle se cachent des dimensions de la vie qui sont inaccessibles à nos sens.

La matière est composée d'atomes et la porosité de l'atome est telle que, si nous éliminions tout l'espace qui sépare ses molécules et rassemblions ses noyaux et ses électrons en une seule masse, le corps entier serait réduit à un point minuscule, uniquement visible au microscope électronique!

Cet espace insondable qui ressemble aux immensité galaxiques n'est pas le vide, mais recèle l'énergie vitale, l'énergie solaire, l'énergie de l'Esprit qui est Lumière.

En cet univers que tu portes se fait ton abandon et, par cet abandon, *tu fais alliance avec ta réalité sidérale.*

Lorsque nous parlons de ton âme en substance d'étoile, nous indiquons expressément qu'elle est de même nature que l'énergie spirituelle du cosmos, *source de toute vie.* C'est pourquoi, lorsque tu aspires à la Connaissance de toi-même, tu aspires à la Lumière et à l'amour de Dieu qui est Esprit, dans l'omniprésence de son harmonie.

Lorsque tu fais les exercices de décontraction que nous t'avons proposés ici pour dominer tes réflexes organiques et obtenir l'apaisement préalable du mental, tu comprends que la grande Aventure commence à partir du silence en soi car ce silence n'est pas un aboutissement...

Tu avances aujourd'hui au-delà du silence, au-delà de ce vide apparent, pour te rapprocher du seuil de Lumière.

Ta conscience n'est plus séparée de son univers galaxique où règne l'Esprit. Elle est en harmonie avec cette source de vie et c'est ici, très précisément, qu'elle s'oriente vers sa Plénitude.

L'heure de vérité

Que va-t-il advenir de toi après cette révélation ?

Vas-tu renoncer à ton existence matérielle, vas-tu renoncer à vivre dans le monde organique dont tu es issu ?

Certainement pas!

Tu es à l'épreuve d'une forme de vie en instance de mutation. Tu es là pour comprendre en quoi consiste cette mutation et *tu es là pour la faire.*

Mais, durant ce passage, à l'occasion de ce passage, tu ne renies pas tes origines et tu ne méprises pas la matière. *Tu respectes le rayonnement intérieur où elle porte et, par là même, tu lui confères sa dignité qui est aussi la tienne.*

La connaissance de ton propre univers se complète ainsi par la première conscience que tu as de ton éternité.

Tu es depuis toujours et seras éternellement ce qu'est ta conscience.

Tu entreras en ta dimension de Plénitude lorsque tu feras alliance avec la sérénité immuable qui est en toi et dont tu comprends désormais pourquoi rien ne saurait l'affecter.

Tu prendras grand soin, à partir d'ici, de procéder par étapes prudentes et d'avancer lentement pour que le centrage de ta conscience se fasse très exactement vers la Lumière.

Il s'agit de voir, de comprendre et d'aimer de toute ta ferveur, ce qui existe au-delà du recueillement, au-delà du silence et de capter l'énergie, *ce rayonnement de vie* dont tu vas bientôt connaître les vertus.

En fait, voici l'heure de vérité, où tu peux franchir, où tu vas tenter de franchir le cap de Haute-Espérance.

La décontraction ordonnée, l'abandon confiant, l'apaisement intérieur et l'accession au pur silence de soi, constituent une première étape.

C'est la connaissance d'un état de conscience qui correspond à *l'approche de l'harmonie en soi,* qui n'est pas une fin mais une disposition préalable, le point de départ pour d'autres ascensions, vers d'autres plénitudes.

Mais, lecteur de ce livre, si tu as fortifié cette position préalable tu reconnais que tu n'es pas allé au-delà et il te tarde d'aller de l'avant!

Chaque chose en son temps car ton avance, pour être sûre, doit être progressive ; mais le temps est venu de progresser davantage. C'est pourquoi tu distingues maintenant, *au-delà d'une équanimité acquise, le rayonnement de ta nouvelle dimension.*

Nous le savons, par notre expérience vécue, une question est venue bien souvent affluer à ta conscience : y a-t-il quoi que ce soit au-delà du silence ? C'est-à-dire : peut-on espérer AUTRE CHOSE que la pacification continue ?

Ce sont là des questions importantes. Elles amènent une réponse qui, à notre sens, *ne supporte pas la controverse.*

Non seulement il y a autre chose, mais il y a TOUT, car c'est ici que tout commence!

Bien entendu, notre affirmation ne suffit pas. Pour que notre certitude devienne la tienne, il est nécessaire que tu sois le témoin de ta propre découverte et que tu reconnaisses être ce témoin dans l'exacte mesure où tu perçois en toi la naissance de la Lumière.

Il va de soi que le cheminement des uns ne ressemble pas au cheminement des autres et que chacun de nous doit trouver, seul, celui qui lui correspond le mieux.

Voici donc, d'une façon tout à fait générale, ce que tu peux observer et qui représente les trois temps principaux de ta mutation transcendantale.

Au premier temps : dans le silence du recueillement, tu prends conscience de ta Lumière intérieure.

Au deuxième temps : tu prends possession de ta dimension sereine dont l'énergie créatrice t'harmonise, te pacifie et t'épanouit en profondeur.

Au troisième temps : une allégresse de vie se manifeste qui met un ordre nouveau en toi, un ordre intérieur qui rayonne.

Au-delà du silence et de la Paix en soi, il y a donc la naissance de la Lumière, le rayonnement de ta nouvelle dimension et l'allégresse d'être qui est l'épanouissement de la vie.

Sur ce schéma directeur, tu vas centrer ta recherche pour aspirer, avec ferveur et persévérance, à la connaissance de cette réalité prestigieuse que tu portes.

Tu n'as pas à te préoccuper si le groupement humain dont tu fais partie participe à ta progression ou si tu es provisoirement désavoué par les tiens.

Tu ne manqueras pas d'observer avec sérénité le comportement des personnes qui n'ont même pas le temps de lire ou de cultiver leur vie intérieure parce qu'elles gaspillent le temps dont elles disposent à des activités inutiles. Tu ne t'attacheras absolument pas aux manières de penser et aux façons d'être du public.

Désormais, ton idéal est de *SERVIR,* en priorité, la certitude que tu aimes.

Alors, pas de confusion, pas de compromission : respectueux de toutes idéologies, *reste l'homme de tes certitudes.*

Sers avec joie ta Vérité et sache bien que tout te sera donné de surcroît car, sur le nouveau palier de ta progression, à partir du moment où tu prends partiellement possession de ton allégresse, tu prends aussi possession de tes premiers Pouvoirs et la récompense que tu reçois est infiniment précieuse.

Lorsque nous t'incitons à découvrir en toi l'âme paisible qui vit en toi, nous voulons dire aussi : *l'âme heureuse, légère, ouverte à la joie.*

Mais quel pouvoir as-tu d'atteindre cet état d'âme ?

Disposes-tu d'un moyen particulier pour t'élever vers cette dimension de Plénitude ?

C'est une question tellement fondamentale que tu ne comprends pas pourquoi elle ne s'est jamais posée aussi directement, alors que, depuis toujours, tu cherches à formuler la réponse!

Seras-tu surpris si nous te disons que *cette réponse est déjà en toi ?*

Savoir que cette dimension sereine, qui fait l'objet de la question, *existe en toi,* est profondément bénéfique car la conscience d'une plénitude en toi précède la possession et *constitue le Pouvoir d'élévation dont tu disposes!*

Ce Pouvoir t'a été donné avec la vie et t'appartient pour toujours. Le moyen par excellence qui t'est donné pour fortifier ta certitude et pour accélérer le Mouvement de ton ascèse, est de cultiver ce Pouvoir, de le mettre en œuvre par un usage de plus en plus fréquent.

Nous sommes ici sur l'épicentre de ta réalité essentielle.

Et la réponse à ta question s'élève de tes profondeurs :

Chaque jour de ta vie, tu vas prendre possession de l'allégresse qui est en toi.

Fais bien la différence : il n'est plus question de t'interroger sur la réalité de sa présence, il s'agit uniquement d'en prendre possession. C'est un acte.

Tu prends et tu gardes ce rayonnement en toi, pour le propager ensuite sur les autres, avec tout l'élan de ta ferveur.

C'est un retour sur toi-même, durant ton recueillement, qui est retour aux sources, retour à la Source de toute vie, où tu communies en ton essentialité qui est Lumière.

Prends et garde ta joie sereine.

Aime, de toute ton ardeur, la plénitude rayonnante qui vit au secret de ton cœur.

C'est maintenant que tu es purifié de la crainte et délivré du mal. N'étant plus divisé contre toi-même, ayant fait alliance avec la Lumière que tu aimes, la Lumière qui te protège et te guide, tu es invulnérable.

Cultive, dans une heureuse continuité, cette alliance fondamentale qui précède la grâce.

La Paix est en toi. Tout est bien pour toi lorsque ta conscience s'ouvre à sa Lumière et s'élève en sa dimension de bonheur.

Tu as désormais le sens des sources, qu'il s'agisse des sources de l'harmonie, des sources de joie, des sources de vie ou des sources fertilisantes qui jaillissent des entrailles de la TERRE.

Tu es l'homme des sources parce que tu es fidèles à l'Essentiel.

Qu'y aurait-il d'essentiel dans l'allégresse de la création si ce n'était le chant des sources qui est en toi ?

Il chante en toi comme chante la vie, car toutes les sources du monde sont sources de vie!

N'es-tu pas source toi-même ?

N'es-tu pas le canal d'harmonie par lequel s'écoule, en son ineffable pureté, la source de sagesse dont tu ne captes encore qu'une infinitésimale partie ?

CHAPITRE VIII

L'ORDRE INTÉRIEUR

L'humble gloire des hommes

Lorsque tu prends conscience des perspectives de Lumière qui s'offrent à ta condition d'homme au sein de l'Évolution, lorsque tu commences à percevoir *ce que tu pourrais être*, dans un monde meilleur si tu étais meilleur, tu es encore dans le domaine abstrait de la Connaissance et la vérité que tu appréhendes n'est qu'une partie infinitésimale de la Vérité.

Il va de soi que *la réalité de ce que tu es, hic et nunc*, ici et maintenant, est d'une importance capitale.

Il n'est pas question, pour le méditant, de rester dans le domaine de l'abstraction; car *la sagesse à laquelle il aspire, se transpose toujours dans la pratique de la vie.* L'expérience qu'il fait est authentique ou elle n'est pas.

Nous dirons à ce propos, qu'une expérience vécue est toujours plus bénéfique qu'un enseignement, quel qu'il soit.

En ce qui concerne l'expérience quotidienne, qui porte chacun de nous vers ses plans supérieurs, nous insistons encore une fois sur *la longue marche patiente* qu'elle représente.

C'est la lente progression sur le chemin de Lumière, cette Œuvre de toute une vie, qui demande tant de courage, tant de persévérance et tant d'amour!

Mais c'est ce travail intérieur de l'homme qui sauve l'Homme de toutes les médiocrités et de tous les naufrages!

C'est la tentative essentielle pour laquelle il a été créé, qui est récompensée par un humble bonheur, *celui de réussir sa vie.*

Humble et glorieux pèlerin de la Terre, l'homme porte, au secret de son cœur, l'espoir de son Paradis.

Cultive ton humilité. Veille à ce qu'elle soit authentique et toujours présente.

C'est elle qui met en relief la grandeur de ton Destin.

Plus tu t'élèves vers ta Lumière, plus tu fais preuve d'humilité.

Il n'y a pas de place pour l'orgueil dans ton ascèse, car l'orgueil va de pair avec l'ignorance. Il marque toujours une mauvaise orientation. Il est toujours le signe de l'erreur.

Ceux qui savent ne sont jamais orgueilleux parce qu'ils prennent à tout moment conscience, de ce qu'ils ignorent.

Les fiers et les superbes, qui croient être plus qu'ils ne sont, — et qui croient aussi tout savoir — ne savent rien qui soit *ESSENTIEL.* Ils se cantonnent étroitement, pour ne pas dire mesquinement, dans les connaissances secondaires.

La conscience de la Paix intérieure, dans la pure Lumière de soi, se manifeste toujours dans la plus profonde et la plus totale humilité.

Nul ne pourrait accéder à cette grandeur, s'il n'était à sa vraie place et s'il ne progressait à sa vraie place.

C'est dans l'état pure de ta simplicité joyeuse et de ton humilité, soutenu par la ferveur de tes aspirations, que tu avances vers la plénitude.

De tous les vices qui accablent la nature humaine, l'orgueil est peut-être le plus pernicieux, donc le premier qu'il faut neutraliser pour avoir la possibilité de neutraliser les autres.

L'orgueil masque la réalité intérieure des êtres. Il altère même leur superficialité, faussant ainsi le sens de toutes les valeurs.

Tout homme qui n'est pas humble, en son ordre intérieur, se limite cruellement. Il est victime de son propre aveuglement et multiplie les obstacles qui le séparent de la vérité.

Il importe, dans l'intérêt même de ta progression, que tu sois parfaitement et naturellement humble. Il importe, par conséquent, que personne au monde ne puisse percevoir en ton comportement, en tes dires ou dans tes écrits, la moindre trace d'orgueil.

Laisse les superbes se mettre au premier rang, forcer leur talent ou exhiber leur mérite.

Tu es un homme de silence et de recueillement.

Comme tous ceux qui se préoccupent de la Connaissance de soi, tu es aussi un homme de solitude. C'est dans le silence de ta solitude que tu vis sur tes plus hauts niveaux, non dans le commerce des foules!

Certes, tu ne vis pas en marge de la société, bien loin de là! Mais il est bien évident que ce n'est pas au contact du Nombre que tu donnes le meilleur de toi-même.

Les hommes qui veulent paraître plus qu'ils ne sont peuvent faire illusion un certain temps et polariser même l'enthousiasme des masses parce qu'elles reconnaissent en eux leur propre superficialité; mais, pour toi, c'est très différent : tu es ce que tu es et tu ne prétends pas être meilleur que les autres. Tu as quelque chose à faire qui est essentiel et tu le fais.

La haute-Conscience sereine

Tu aimes le silence parce que le silence t'incline au recueillement. Tu verras bientôt que le recueillement commande l'accès à la Plénitude.

Ainsi se présente et se précise le processus de ton épanouissement : *silence, recueillement, pacification intérieure, aspiration fervente, accession au plan de ta haute conscience sereine, allégresse, plénitude.*

A propos de cette énumération qui pourrait rester sèche et banale si tu ne connaissais déjà la précieuse densité de bonheur qu'elle renferme, nous soulignons ici *la nécessité d'un ordre intérieur.*

C'est un ordre qui libère la conscience des confusions et des turbulences. *C'est un ordre qui harmonise la vie.*

Mets de l'ordre dans tes activités, mets de l'ordre dans ta maison, mets de l'ordre dans ta vie, *mets de l'ordre en toi.*

Car le désordre est facteur d'usure. Le désordre cellulaire que l'on appelle cancer est souvent mortel ; mais le désordre de la conscience l'est tout autant...

Avancer en âge dans le désordre, c'est se préparer de mauvais jours ; c'est arriver à son heure dernière dans un état de désorganisation confuse et parfois même de panique.

Tu arriveras dans l'ordre, inconditionnellement fidèle à l'harmonie que tu aimes.

A tous les paliers de la Connaissance, comme à tous les stades de l'évolution, l'ordre intérieur est nécessaire. *Il est seul capable d'assurer la continuité harmonieuse de l'épanouissement.*

Tu ne seras jamais assez méthodique, ni trop rigoureux dans ta méthode car c'est l'ordre en toi qui préside au ralentissement des pensées et suspend provisoirement leur mouvement lorsque tu te prépares au recueillement.

C'est l'ordre en toi qui veille à ta disponibilité plénière et te protège des intrusions intempestives de la turbulence mentale.

C'est une vigilance en toi qui t'exonère de toute confusion, améliore ta réceptivité, puis élargit le champ de tes investigations.

L'ordre intérieur n'aurait pas les mêmes vertus s'il était simplement mécanique, c'est-à-dire s'il maîtrisait simplement le désordre.

Ce qui importe dans l'ordre intérieur, *c'est le discernement des priorités,* non de classer simplement en rangs parallèles, comme on le fait pour les objets.

Ce qui importe, *c'est d'établir une échelle de valeurs, en tenant compte de leur rayonnement et s'y tenir.*

Ainsi, par une véritable sélection des valeurs, l'homme sort de sa longue errance et donne priorité à l'Esprit.

Ta réalité intérieure est maintenant en cours de mutation. Tu as pris pied sur « *l'autre rive* » par un premier contact avec ta haute-Conscience sereine.

Certes, ta satisfaction est grande car tu es déjà investi par ta victoire; mais l'allégresse espérée n'entre pas encore à grands flots dans tes canaux élémentaires *où la vie reste en attente de grâce.*

Car tu es encore impliqué dans les turbulences qui t'entourent et dans les difficultés qu'elles entretiennent.

Dans la dégradation morale qui met en péril la civilisation, tu traverses parfois des chemins bourbeux et tu te sens alors très isolé...

Cependant l'annonce qui t'est faite de ton accession imminente à ta dimension de Lumière suffit à ton bonheur et soutient ta sérénité.

C'est là ta sagesse de comprendre que le temps est proche où le plus grand événement de ta vie peut se produire d'un moment à l'autre.

C'est pourquoi tu te sens fermement orienté vers l'Essentiel, c'est-à-dire vers la Lumière intérieure que tu aimes et dont tu perçois les premières lueurs.

Lorsque, te détachant du monde des apparences, des faux-semblants et des superficialités, tu exorcise la nuit, tu avances vers ton Royaume!

Mais il ne faut pas généraliser : un nombre considérable d'hommes, non seulement *prend le temps de VIVRE,* mais est déjà préoccupé par l'Essentiel de la Connaissance qui est, pour chacun d'eux, *l'accession à la haute-Conscience sereine.*

La diffusion de la pensée philosophique par le livre touche beaucoup plus d'individus qu'on ne le croit. Pour citer un exemple de taille, le livre *Chemin* de Josémarie Escrivá de Balaguer, fondateur de l'Opus Dei a été traduit en 39 langues avec un tirage de quelque quatre millions d'exemplaires!

En fait, un premier échelon vers l'essentiel de la Connaissance a été franchi par beaucoup d'entre nous ; mais ils sont encore rares ceux qui se sont aventurés au-delà du signal qui indique, après le passage de la porte étroite, *l'existence et l'accès d'un autre monde.*

Pour conserver notre terminologie, pour qu'il ne soit pas question d'une voie abstraite ou hypothétique et aussi pour ne pas brûler les étapes, nous revenons sur la nécessité d'une ascension au niveau de la haute-Conscience sereine.

Nous voulons rester *sur le fait même de cette accession* jusqu'à ce qu'il se soit réalisé pour toi, ami lecteur, et fasse partie intégrante de ton activité.

C'est pourquoi nous te demandons un élan continu, un élan intérieur puissant et régulier qui te porte, à chaque heure du jour vers tes cimes.

Notre devise : *«Toujours en avant et toujours plus haut »* prend ici sa plus claire signification.

Il ne s'agit pas d'un raisonnement, d'une volonté, d'un désir ou d'une décision parmi tant d'autres, *il s'agit d'un acte.*

Cet acte fondamental, nous l'appelons successivement : l'acte d'élévation, l'acte de ressourcement, l'acte d'épanouissement ou de communion.

Nous précisons ici que cet acte sera parfaitement accompli *lorsqu'il sera aussi une prise de possession.*

Tu perçois déjà l'évolution bienheureuse que cette POSSESSION représente et tu perçois aussi que l'acte ne t'est pas extérieur : *il est en toi et se fait en toi.*

Il commande ton changement de dimension.

Tu le sais maintenant : *ta conscience sereine est un état supérieur de la conscience qui existe réellement.*

Ton élan forcera le passage qui te sépare de ta dimension intemporelle.

Cependant, tu ne te perdras pas dans le monde meilleur que tu vas découvrir, qui est vertigineusement différent du monde matériel à trois dimensions dont tu t'évades.

C'est là une importante révélation qui t'est faite : ce nouveau monde ne t'est pas étranger, tu t'y retrouves et tu le reconnais. *Il est ton Pays, ta véritable Terre natale.*

C'est dans le monde tourmenté que tu quittes que tu étais en exil!

Et ceci t'explique bien des choses, notamment pourquoi tu aspirais depuis toujours à t'en libérer.

Etait-il tellement difficile d'en sortir?

Oui et non.

Oui et même impossible, tant que l'acte d'épanouissement ou de libération n'est pas accompli.

Non et aussi simple que le plus simple des gestes familiers, lorsque tu prends conscience qu'il s'agit seulement d'agir, de s'élever, de prendre possession et de garder en toi ton unique et prestigieuse richesse!

La disposition calme et fervente de tes aspirations ordonne ton harmonie et *t'élève vers le plan supérieur de ta conscience où naît l'allégresse.*

Cet état de prédilection, dont l'approche reste longtemps incertaine, est déjà une réalité en toi.

Lorsque tu es centré sur l'essentiel, lorsque tu comprends et lorsque tu aimes ton essentialité, le miracle espéré se produit : *tu passes d'un état égocentré à un état de rayonnement et d'épanouissement.*

C'est le premier résultat observable que tu obtiens lorsque tu te rapproches de tes cimes.

Cependant, durant cette phase de ton ascèse, tu es comme un « premier de cordée » au cours d'une longue exploration : plus tu t'élèves à partir de tes bas niveaux, plus les abîmes se creusent autour de toi et plus tu ressens l'étrangeté de ton isolement.

Mais aucun risque n'affecte ta sérénité.

Ton exploration n'est pas une performance. Tu n'as pas de records à battre qui pourraient te rendre glorieux au sens puéril du mot.

Tu aspires à la Lumière et non pas à la gloire. C'est là ta sagesse et c'est là ton bonheur.

Le risque le plus meurtrier encouru par l'explorateur ne réside pas toujours dans ses affrontements avec la nature et les dangers du forcing, mais plutôt dans la recherche vaine et inutile, *pour son âme*, des honneurs illusoires et fugitifs qui sont totalement étranger à sa noblesse.

Il importe qu'il en soit toujours ainsi pour toi, tout au long de la longue route, pour que chacun te reconnaisse comme son frère et *sache bien que le plus humble de tous porte en lui la même richesse que tu découvres.*

L'essentiel pour la qualité de ta vie, est ce qui se passe en toi, *ce que tu es en ton ordre intérieur.*

C'est ton élévation intermittente au plan de ta Conscience sereine qui importe.

Après l'élan qui te porte vers la Lumière, c'est l'instant de ta communion qui est ton idéal refuge.

Recueilli sur l'essentiel, à l'écoute de la divine symphonie, immensément ouvert à la grâce, tel tu dois être pour accéder à ta dimension d'harmonie et t'épanouir en ton allégresse.

Hymne à l'amour

Nous sortons tous des matrices de la nuit. Nous sommes tous soumis à l'épreuve de notre liberté, à l'épreuve de la souffrance et de la mort, *mais, tous aussi, nous sommes porteurs d'une même Lumière et nous sommes porteurs de la plus haute espérance.*

Lorsque nous franchissons l'un après l'autre, les divers paliers de la Connaissance, sur le chemin des Plénitudes, nous savons déjà quelle priorité nous devons réserver à l'amour.

C'est l'amour, dans sa dimension de lumière, qui tire les hommes de la nuit.

Nul ne saurait avancer dans le chenal obscur qui conduit à la porte étroite, nul ne pourrait franchir le seuil de Lumière, *s'il n'était d'abord investi par l'amour.*

L'amour de la beauté, du rythme, de l'harmonie, est en nous depuis toujours. Il protège notre vie de tous les naufrages, d'autant plus efficacement que l'amour de la pureté, même s'il est inexprimé, est aussi dans nos cœurs.

L'amour de notre prochain et toutes les vigilances qu'il nous demande, dans notre comportement vis-à-vis de autres, ont aussi une grande importance dans notre progression vers la Connaissance!

L'amour des autres, sur le plan spirituel, doit être inconditionnel.

Il détermine l'amour de la Paix, le respect de la personne humaine, la tolérance, la bonté, la charité, la mansuétude au sens profond du mot, *ouvrant plus largement les portes de la sérénité et de la plénitude!*

Il est temps, pour chacun, de composer pour lui-même *l'hymne à l'amour* qui lui est personnel et qui précède, sur la voie de l'épanouissement, l'hymne à la joie!

Le mot « amour » n'a pas ici le sens de possession : il exclut toute convoitise.

Le sens élevé de l'amour est celui de l'offrande et du rayonnement.

Il n'y a pas de rayonnement possible sans amour et il ne saurait y avoir offrande s'il n'y a pas en soi, un élan de charité fraternelle, ce don de soi qui réserve à l'homme les plus hautes satisfactions qu'il puisse espérer!

Nous sommes en face d'une réalité qui concerne tous les êtres et qui leur appartient. Ils ne peuvent y accéder qu'en abandonnant l'égoïsme et l'orgueil, le sens possessif de leur convoitises et la dispersion de leur conscience sur l'inutile.

Notre hymne à l'amour est l'hymne à notre rayonnement intérieur, l'hymne à la Paix, l'hymne à cette plénitude de joie que nous espérons comme si elle était d'un autre monde, alors qu'elle est là, en ce moment même, vivante en chacun de nous!

Il ne nous manque que de la voir, que de la prendre, que de l'aimer!

CHAPITRE IX

ACCESSION A NOS HAUTES-DEMEURES

Au-delà du silence

Comme tant de valeurs essentielles, le silence a de multiples aspects.

Il est créateur dans le recueillement, lorsqu'il prépare l'accession aux plans supérieurs de la conscience, *lorsqu'il est une disponibilité de l'être qui l'oriente vers une symbiose de grâce.*

Par contre, le silence est stérile lorsqu'il recouvre la passivité, l'indifférence ou l'hostilité. C'est d'ailleurs lorsqu'il a le sens d'absence qu'il prête le plus à confusion.

Quelle que soit son appréciation, la parole est, dans ce cas, préférable si elle est mesurée.

Plus tu te rapprocheras de l'essentiel, plus tu rencontreras des situations où le Nombre opposera à ton expression un refus silencieux.

Tu n'as pas à t'en formaliser, même si tu observes que, lorsqu'il s'agit de questions fondamentales, ta « communication » est difficile.

Certes, ton élan fraternel te porte vers les autres ; mais, durant cette étape de ta progression, dans la réalité de ta vie que tu sais regarder en face, tu te sens très isolé.

Si cela peut te rassurer, sache que les autres le sont bien plus encore ; mais ils ont moins conscience de leur solitude!

Lorsqu'il s'agit de l'essentiel tu dois t'exonérer de tout conformisme car les valeurs essentielles échappent aux normes coutumières et sont au-dessus des réactions cataloguées.

Devant le décalage de plans qui te sépare provisoirement du Nombre, que ta Sagesse reste sereine. Reste joyeux en ton isolement. Sois même fraternel à la présence superficielle du Nombre, *pour être présent à l'Essentiel* dans le silence, pour être présent à la Lumière dans l'amour et l'allégresse de ta dimension spirituelle.

En ce siècle de turbulences, où chacun éprouve le besoin organique d'une halte silencieuse, il te semble paradoxal que tant de personnes aspirent au silence sans jamais le trouver!

Les uns parlent du silence de la Nature, du silence de la nuit, du silence de la mer et d'autres parlent d'un silence qui est simplement une absence de bruit. Tu sens bien que, d'une façon ou d'une autre, la notion du silence provoque chez les êtres une espérance confuse qui les console d'une longue attente et de pénibles déceptions.

Ni les uns, ni les autres, n'ont l'air de se souvenir qu'ils ont lu des livres qui parlent *d'un état de silence* intérieur; mais tu sais combien ces livres s'assimilent lentement... La nourriture qu'ils apportent n'est pas pour les gloutons qui ne s'intéressent pas à la saveur de leur substance.

Cette saveur échappe aux lecteurs superficiels qui traînent derrière eux leur agitation constante et troublent d'abord l'eau lustrale de la Source avant de s'y désaltérer!

Il n'empêche que le pur silence est ton état de prédilection, *celui qui te correspond en profondeur.* C'est ton domaine. Tu es ici chez toi, à l'aise dans le contexte familier de ton recueillement.

C'est ici que se forme ta vie et que ta lente évolution commence, *à partir de cette particule de grâce qui émerge de ta nuit et te fait signe.*

Ton mérite est d'être attentif à ce signe. Ta joie est de l'aimer.

Quand nous disons *aimer*, nous signifions évidemment autre chose que sympathiser ; nous voulons dire : *communier ardemment.*

Parlant de cette communion essentielle dans le silence de ton recueillement, nous précisons que rien ne se passerait en toi, que rien n'émergerait de tes ténèbres, si tu n'apportais, à cette instant même où se propose une tentative exaltante d'élévation vers ta vérité, *l'ardeur enthousiaste de comprendre.*

Mais, avec la ferveur qui t'anime, *tu vas au-devant de ta Lumière* et tel est ton génie, tel est le processus de ton ascèse.

C'est un coin du voile qui se soulève.

Que pourrais-tu savoir de ton devenir si tu ne recevais, dans la sérénité de cette révélation, la bienheureuse certitude d'une progression continue vers l'épanouissement ?

Tu es ainsi porté vers ta victoire.

Courage d'être et ferveur d'être sont les mots-clés, les mots de passe que tu dois dire au passage du seuil, lorsque tu entres, en ton pur silence, *au Pays de l'éternelle aurore qui est ton Pays.*

Au-delà du silence, il y a la subtile allégresse qui épanouit la vie.

Cependant, ceux qui n'ont pas encore découvert cette présence diront qu'il n'y a rien. Comment notre témoignage pourrait-il prévaloir contre le leur?

Ce témoignage, pour être authentique, doit faire état des difficultés que nous avons nous-mêmes rencontrées avant que la Lumière intérieure devienne pour nous une évidence. Nous ne dissimulons pas ces difficultés ; mais nous ne les majorons pas inconsidérément : chacun a les siennes qui lui sont propres et il serait vain de chercher à les définir.

Mais, dire qu'il n'y a rien lorsqu'on ne trouve rien, n'est pas forcément une réponse de bon sens. C'est plutôt une réponse de facilité et, malheureusement, une réponse de démission car, lorsqu'on accepte de conclure qu'il n'y a rien à découvrir, on abandonne toute recherche.

Or, *si l'on n'aspire pas à la Lumière, si l'on n'avance pas vers elle, si on ne l'appelle pas avec la ferveur au fond de soi, la Lumière reste ensevelie sous la carapace de matière qui l'emprisonne et c'est alors, évidemment , comme si elle n'existait pas.*

Nul ne saurait se glorifier, à ce propos, d'avoir raison contre lui-même. Le fait même de cette découverte, qui détermine l'épanouissement de la vie, est trop grave pour que l'on en fasse une simple question d'amour-propre.

Lorsque tu forceras le barrage de la porte étroite et que tu t'approcheras du seuil de Lumière, tu éprouveras le désir, comme tous les néophytes, de convaincre les autres et nous ne saurions t'en blâmer ; mais comprends bien qu'en ce domaine tu ne peux convaincre personne par la parole : tu ne peux convaincre les tiers que par l'exemple de ta sérénité acquise.

Certains pouvoirs te seront alors donnés et c'est à dessein que nous ne voulons pas les définir davantage car nous avançons ici sur un plan très particulier qui ne comporte que des cas d'espèce.

Nous dirons seulement qu'il y a une grande marge entre la détention des pouvoirs et leur usage. Pendant longtemps tu détiendras « certains » pouvoirs et ne sauras pas les utiliser. Au cours de cette période, tu ne te serviras pas d'un outil que tu possèdes et l'outil ne saurait travailler seul!

Sur ce plan, chacun de nous a tout à apprendre ; mais les plus modestes résultats, à condition d'être bien observés et parfaitement authentiques, ont une importance considérable.

Ne crains pas la difficulté et ne crains pas l'échec. Sers ta vérité et ta vérité te servira.

Ouvre-toi à la grâce et fais, pour cela, le Mouvement intérieur que tu dois faire.

S'il te reste des problèmes, place chacun d'eux en cette Lumière.

Des perspectives qui semblaient obstruées se révéleront alors harmonieuses.

Tu as déjà constaté maintes fois qu'il en été ainsi, sans établir la relation de Cause à effet que tu vas désormais mettre en relief. *C'est un comportement scientifique qui se réfère aux Lois éternelles de la Sagesse.*

Conscience d'une sérénité joyeuse.

Ce que tu fais a plus d'importance que ce que tu dis ; mais ce qui est plus important encore c'est ta qualité d'homme, *ce que tu ES intérieurement.*

Quelles que soient les apparences contraires, sache que tous les hommes de la Terre, sans la moindre exception, qu'ils en soient conscients ou non, aspirent à une pureté d'être, à un état exaltant de la vie, à un rayonnement d'allégresse dont nos civilisations démentielles nient l'existence!

C'est pourquoi les Sages d'aujourd'hui ne se contentent pas d'enseigner la Sagesse, ils sont aussi les hommes de la Révélation.

Dans un monde coupé de toute ferveur, en proie à toutes les discordances, à toutes les turbulences et à toutes les pollutions, ils annoncent la Paix et *révèlent la prestigieuse richesse que chacun porte en soi.*

Nous te le répèterons encore : être en Paix, garder religieusement en toi la conscience d'une sérénité joyeuse, tel est ton premier objectif.

De l'aube jusqu'au crépuscule et durant la nuit-des-étoiles, une vie ardente est en toi qui fait la qualité de ta vie.

Rien au monde — entends-tu bien — et quelle que soit l'optique où l'on se place, n'a autant d'importance que ta qualité d'être.

Car il s'agit aussi d'aller toujours plus loin et te t'élever toujours plus haut vers un commencement de perfection.

Il s'agit, pour ta conscience, d'accéder à d'autres perspectives, au plan supérieur de la vie.

Il s'agit, pour toi, de prendre possession du champ de ta pureté originelle, *source de vie en toi, qui propage la Force nouvelle.*

Il est temps que tu prennes possession de tes hautes-demeures!

Il est temps aussi que se matérialise ton alliance avec la Force essentielle que tu possèdes. Sache-le : elle te pousse en avant et, lorsque tu hésites sur les pentes abruptes, lorsque tu portes difficilement la croix de tes imperfections, elle partage ton fardeau, elle écarte de toi ceux qui voudraient l'alourdir davantage.

Il convient que ta conscience de l'essentiel devienne de plus en plus ferme.

Il convient aussi que tu discernes ce qui est dérisoire et que tu écartes les valeurs superficielles auxquelles le monde attache une très grande importance, alors qu'elle n'en ont aucune.

Sois bien tranquille : à condition que tes propos ne s'accompagnent pas d'insolence, nul ne s'insurgera contre toi. Tout au plus gardera-t-on le silence ; mais n'oublie pas, pour tout ce qui te concerne, que le silence des tiers est indifférence, non réprobation. Pèse bien cette indifférence pour qu'elle te conduise toujours vers plus de fraternité.

A propos de ceux qui sont indifférents aux questions essentielles, nous avons déjà parlé du bourdon sous la cloche, du monde clos qui entoure la chrysalide, nous avons rappelé qu'agrandir la cage n'ouvre pas sa porte et que l'araignée ne sais pas ce qui se passe en dehors de son univers...

Ce sont là des images qui traduisent une exacte réalité ; mais au-delà de ces images, tu as l'intime certitude que de nombreux êtres humains tournent en rond dans les limites contraignantes de leur claustration et que *la VRAIE VIE* est tout autre chose.

La vraie vie dont tu commences à percevoir les perspectives, se traduit déjà pour toi par la sérénité du regard, par la ferveur d'être, par l'élan d'allégresse qui rend ton âme légère et par la *Lumière radieuse en toi qui est grâce.*

Ta vraie vie, c'est-à-dire , ta vie en tes hautes-demeures, existe un peu en recul de ta conscience mentale, au-delà des turbulences et des apparences de la vie, au-dessus des circonstances temporelles de ton actualité et sur un plan d'immuable sérénité.

Témoin paisible de cette vérité, tu deviens maintenant acteur, celui qui agit, non pour jouer un rôle en quelque comédie, mais pour accomplir l'acte par excellence qui est de propager autour de toi le rayonnement que tu possèdes.

Il n'est pas de plus bénéfique démarche et de plus passionnante aventure, si tu considères combien celle-ci te place au-dessus des démarches communes, « au-dessus de toutes les options philosophiques », comme nous l'a écrit Jean Rostand.

C'est en raison de ce décalage de niveau que tu dois majorer ton application pour traduire, dans les termes les plus simples, en sa réalité la plus précise, le cheminement de ta progression pour libérer l'harmonie que toute simplicité recèle.

Une nouvelle étape vient d'être franchie au-delà des turbulences du silence et ta marche en avant se poursuit *« toujours plus haut »*, comme si ton Destin était de dépasser sans cesse son éclat. Sois ambitieux, uniquement de la qualité de ton ascèse, car une ambition qui s'applique à la qualité n'est jamais vaine!

La transcendance selon Einstein

Einstein écrit ceci : « Les sentiments religieux de l'homme de science revêtent la forme d'une stupéfaction mêlée de ravissement devant l'harmonie des lois naturelles. Cette harmonie révèle une intelligence d'une telle supériorité que toute la pensée et l'action systématique de l'homme n'en sont qu'un pâle reflet ».

Ces fortes paroles, émanant d'un illustre chercheur, devraient inciter chacun de nous à la réflexion...et nous aider à mieux comprendre que, de l'infiniment grand à l'infiniment petit, l'Intelligence créatrice maintient son ordre au sein des univers superposés, au-delà du monde formel perceptible à nos sens.

Le plan directeur de cette Organisation sidérale nous échappe car il couvre une dimension dont nous soupçonnons à peine l'existence ; mais c'est une dimension qui ne nous est pas interdite, loin de là. Elle nous est même offerte et nous en recevons d'immense bienfaits dès que nous effleurons sa présence.

Il faut bien dire qu'au sein de cette prestigieuse perfection, l'homme est comme un grain de poussière perdu dans l'infini des étoiles, si l'on considère simplement son existence temporelle, nous voulons dire : son existence physique, organique et mentale, limitée dans l'espace et le temps.

Il en va très différemment si l'on considère que *l'homme est une Conscience* et que sa conscience à l'image des univers qui l'entourent, est à plusieurs dimensions et possède le privilège, lorsque les conditions nécessaire sont, en elle, réunies, d'être en harmonie ou en symbiose avec l'Intelligence créatrice qui lui donne vie.

La conscience spirituelle de l'homme a l'exorbitante possibilité de la communion que nous décrivons en ce livre comme étant la *communion essentielle.*

Aucune autre créature vivante n'est en possession de cette faculté.

Cependant, parmi les hommes, la plus grande majorité d'entre eux se désintéresse de ce privilège et s'attache seulement aux valeurs matérielles et périssables de la vie qui sont accessibles à sa conscience mentale.

C'est dire, par là, qu'il se produit, dans l'espèce humaine, un prodigieux gaspillage de richesse.

Par l'ignorance de ses virtualités les plus hautes, l'homme se passionne pour un destin de cloporte et s'agite généralement dans le monde clos de sa dimension élémentaire, refusant ainsi l'harmonie, l'épanouissement et la Plénitude radieuse de ses autres dimensions!

Telle est l'effarante vérité : parce qu'il se complaît en ses limitations organiques, l'homme renonce à son Destin de Lumière. Et, pour être logique avec lui-même, il nie l'existence de ce destin, ce qui le conduit inévitablement à penser que l'Univers s'est créé par hasard et tout seul, que la vie n'a aucun sens particulier et ne sert finalement à rien. Il ne connaît de la condition humaine qu'une superficialité à laquelle il s'identifie, avec la précarité, les insuffisances et la vanité qu'elle comporte.

Ce livre sur *Le Temps des Plénitudes* a pour objectif de révéler que *le cap d'une plus haute Espérance est tout proche* et que chacun de nous peut le franchir. Bien plus encore : que chacun est en vie pur tenter ce franchissement et même qu'il est en vie *uniquement* pour cela!

Tout homme qui ne réussit pas, au moins partiellement, cette accession, a une vie perdue, nous voulons dire : triste, tourmentée, étriquée, inquiète, amère, sans espoir et sans autre aboutissement que le repliement final sur ses propres ruines.

Einstein, précédemment cité, a interprété avec sagesse le vertige du savant devant l'infini de la Connaissance et son admiration devant la puissance créatrice qui démontre, à ceux qui savent la voir, l'universalité de sa Présence.

Il traduit encore mieux cette réalité en écrivant : « Ma religion consiste en une humble admiration envers l'Esprit Supérieur et sans limites, qui se révèle dans les plus petits détails que nous puissions percevoir avec nos esprits fragiles. Cette profonde conviction sentimentale de la présence d'une Raison Puissante se manifestant à travers l'incompréhensible univers, voilà mon idée de Dieu ».

TROISIÈME PARTIE

PASSAGE DU SEUIL DE LUMIÈRE

CHAPITRE X

PREMIER MOUVEMENT VERS LA PLÉNITUDE

L'aspiration fervente

Nous voulons insister sur la différence qui sépare l'application studieuse de l'aspiration fervente.

L'application est un exercice du mental qui conduit à une investigation méthodique et parfois très méticuleuse des choses, mais uniquement sur le plan mental.

L'aspiration fervente n'est pas de même nature. Elle est d'une autre essence. Elle a un caractère « surnaturel » par rapport au mental et vise *les états supérieurs de la conscience, puis la conscience des plans supérieurs de l'âme.*

Aucune progression vers notre dimension spirituelle ne saurait s'amorcer sans l'aspiration fervente qui ouvre les réceptacles de la conscience et permet *la communication.*

Aucune froide détermination, aussi persévérante soit-elle, ne permet de franchir la porte étroite qui sépare deux mondes qui sont de dimension différente.

Ce qui sépare ces mondes n'est ni frontière, ni barrière ni mystère interdit. Le plan mental s'étend à son niveau, à l'infini et, comme deux lignes parallèles ne sauraient jamais se rencontrer, aucune de ses extensions, aussi vaste soit-elle, ne saurait rencontrer le monde du plan spirituel.

Les hommes du mental, qui ne sont orientés que sur ce plan, peuvent progresser indéfiniment dans ses limites, *non en sortir.* A moins qu'une aspiration fervente, durant le recueillement, lorsque la conscience est en état de réceptivité, ne les élève vers leur plan spirituel.

S'ils font silence en eux-mêmes et s'ils prêtent l'oreille, ils entendent l'appel qui les sollicite...

Ce qui est important pour eux, nous dirons même essentiel pour leur bonheur, pour leur paix intérieure, pour leur sérénité, c'est de comprendre que cet appel les guide vers leur plan supérieur et de *consentir à cette élévation.*

Certes, nous savons tous que la Paix sur Terre est donnée aux hommes de bonne volonté.

Mais, quelle est le sens précis de cette « bonne volonté » ?

Ce n'est pas la volonté, aussi forte soit-elle, qui s'exerce uniquement sur le plan mental. La bonne volonté qui est demandée aux hommes n'est pas seulement mentale.

C'est aux frontières des deux mondes qu'elle prend un sens nouveau lorsqu'elle s'accompagne de ferveur.

Par l'usage de cette ferveur et à cette limite se joue le destin.

Lorsque nous définissons le passage du seuil et le mouvement qui amorce son processus, nous mettons en relief les deux plans de la conscience et leur extrême diversité :

La grisaille des discordances, sur le plan mental.

La conscience de Lumière, sur le plan d'harmonie.

Contentons-nous aujourd'hui de dire ceci : *le mouvement qui commande le changement de dimension est à la portée immédiate de tous les hommes de bonne volonté qui manifestent avec ferveur leur aspiration à mieux-être.*

Le passage du seuil

Parce que *le passage du seuil de Lumière* est resté exceptionnel et que le Nombre ignore même son existence, faut-il comprendre que certains privilégiés disposent de moyens que les autres n'ont pas ?

Certainement pas : nous disposons tous des mêmes moyens et des mêmes possibilités ; mais l'être humain possède une fonction mutante dont la plupart d'entre nous ne connaît pas encore l'usage.

Le chercheur scientifique connaît parfaitement toute les fonctions organiques. Il les reproduit même dans le cœur et le rein artificiel, par exemple, avec une merveilleuse exactitude!

Et pourtant, cette victoire de la science, aussi méritoire qu'elle soit, ne concerne que la matière de l'être, la matière qui est le support de la vie et *n'est pas la vie.*

L'homme vivant, l'homme réel est un univers en état de mutation, presque totalement inconnu de lui-même.

Il détient d'immenses possibilités dont il n'a pas encore pris conscience et dispose de fonctions qui ne se sont pas encore développées en lui par suite de leur non-usage.

Il existe un état supérieur de l'Homme qui ne lui est pas encore révélé.

C'est pourquoi l'observation de ce qui touche à cet état semble paranormal et pose d'étranges problèmes. La non-réponse à ces problèmes enferme le chercheur en de redoutables dilemmes.

Une question importante se pose aux consciences attentives : *le mystère de l'homme ne serait-il pas une ignorance provisoire de l'Homme qui reste en attente de sa propre révélation ?*

Il semble bien jusqu'ici que le témoignage des sages, des mystiques ou des poètes inspirés, de ceux qui ont déjà fait le passage du seuil, n'est pas suffisant pour cautionner cette révélation.

Il n'en reste pas moins que que la mutation de l'Homme vers sa dimension supérieure, n'est pas une possibilité accessoire ou secondaire de l'espèce humaine, *elle est sa raison d'être et la finalité même de son évolution.*

Cette mutation révèle à l'homme des virtualités insoupçonnées puis une espérance qui devient progressivement une certitude.

Cette espérance donne non seulement une espérance à sa vie, mais une dignité à la vie *une harmonie d'être qui est en harmonie avec le Destin spirituel de l'humanité.*

Tant que l'Homme fait preuve d'égoïsme, d'orgueil, donc de superficialité, tant qu'il se limite à ses niveaux élémentaires, il ne connaît du monde et de lui-même que le côté sombre, en tant que milieux fermé.

Mais lorsqu'il aspire à la Connaissance de sa Lumière, il choisit sa liberté : au lieu de s'abandonner à ses instincts, à sa dispersion ou à sa discordances, son élan intérieur le porte au-delà de ses dimensions temporelles.

Il atteint alors, par intermittence, un état de sérénité et connaît un commencement de plénitude.

Dès lors il est à sa vraie place au sein de l'évolution.

Il est nécessaire que ton expérience personnelle se poursuive dans l'ordre, avec persévérance, car tu approches maintenant d'un commencement de Plénitude.

Nous parlons ici d'une Plénitude de l'Esprit qui descend jusqu'aux infrastructures de ta vie et nous te demandons instamment de noter tes observations pour progresser en cette Connaissance qui te concerne intimement.

Personne ne fera pour toi le passage du seuil et nul autre que toi ne peut, à ta place, orienter vers tes profondeurs la grande coulée de Lumière qui t'harmonise et t'épanouit.

Nous entendons bien que l'apaisement des discordances organiques n'est pas la dominante de tes préoccupations et que l'apaisement de ton psychisme, qui lui est lié, t'apparaît comme étant beaucoup plus important encore!

Mais la radieuse allégresse qui se présente à toi, à laquelle tu aspires avec ferveur, démontre sans ambiguïté la réalité d'une puissance d'harmonie qui est d'une essence différente et supérieure.

Elle émane d'un au-delà qui n'est ni lointain, ni mystérieux en soi, *qui est là à chaque instant, dans sa simple accessibilité si le passage est ouvert.*

Ce que tu dois expérimenter précisément est cette disponibilité de ta vie intérieure, cette aspiration ardente et plénière qui, loin d'être vague, craintive ou timorée, est robuste exaltante et continue.

Tu prends alors conscience que seule ta ferveur exhaustive libère tes accès.

Nous ne dirons pas qu'à partir de là tout est clair ; mais seulement que de petits ponts apparaissent en clair au fond de l'immense nuit.

Si tu dispersais ton attention ou ralentissais ton élan, si tu perdais de vue, pendant plusieurs jours, ces quelques points de Lumière, ils disparaîtraient de ton regard et s'effaceraient de ta mémoire.

Il n'en est pas question : tout ce qui se rapporte à ta démonstration, *tout ce qui est Lumière, est accepté d'enthousiasme par tes réceptacles ouverts et c'est là un très grand bonheur!*

Nous revenons donc sur l'essentiel de ton cheminement pour qu'il s'impose clairement à ton observation en trois points précis.

PREMIER POINT. Il y a un au-delà du mental, aussi proche de toi que ta propre vie, dont ta conscience mentale n'est séparée que par la superficialité de sa turbulence. Tu te familiarises avec ce plan supérieur lorsque tu fais le silence en toi.

DEUXIÈME POINT. Cet au-delà du mental, que nous pouvons définir comme *une autre dimension de la conscience*, est le siège de la Lumière, de l'Harmonie et de la Plénitude. Tout ce qui manque au mental, tout ce dont il a un immense besoin, est là notamment *la sérénité, la joie pacifiante* qu'il ne peut trouver nulle part ailleurs! Tu accèdes à cette dimension lorsque tu es en état de recueillement.

TROISIÈME POINT. L'acte que tu dois faire pour franchir la porte étroite qui sépare ces deux dimensions, représente *le passage du seuil.* C'est l'acte d'épanouissement.

Il s'agit d'un épanouissement de la conscience dans cet univers d'harmonie par divers mouvements que tu dois apprendre : *accession, jonction, communication et communion.*

L'acte de communiquer prend ici sa plus haute signification car cette communication transcendantale a le sens d'immersion.

Ce n'est pas ta fonction mentale qui investit l'au-delà, *c'est le flot d'Harmonie qui investit ta conscience et la pacifie.*

Par cet acte de communication, immergé dans l'Essentiel, tu ouvres pour un instant, pour un instant seulement, les vannes de la Plénitude.

Tout est clair, tout est radieux.

Tu découvres, en cet instant, la radieuse espérance et la radieuse certitude. La force d'Harmonie descend sur toi, la Lumière investit ta vie, ta conscience s'épanouit et s'émeut de ta métamorphose. L'immense vague des vibrations sereines te traverse, balaie tes impuretés, efface les pollutions de tes eaux dormantes. La force qui passe en toi exalte ta ferveur, oriente ta vie vers ton nouveau Destin.

Mais, nous le répétons, *c'est ton expérience qui est nécessaire* et nous insistons dans ce sens : veille sur la continuité de ton action car tu ne serais pas le premier velléitaire qui revient à son point de départ au moment même où il peut atteindre son apogée, tant est puissante l'attirance des habitudes négatives.

Le monde meilleur existe. Le monde meilleur est à la portée de ton âme.

Déjà tu multiplies les points de contact avec l'essentiel en augmentant la durée de ton recueillement.

Déjà ton aspiration intérieure s'intensifie.

Parallèlement à tes activités coutumières, sous les apparences de la vie et sous la surface des choses, tu prends conscience qu'il existe *une autre réalité* faite de mesure et d'harmonie qui te révèle, par intermittence, une allégresse légère au calme profond de toi-même.

La présence, même confuse, de cette allégresse te prouve que tu es bien orienté.

Tu vas poursuivre ton avance dans cette direction, veiller à la qualité de ton élan, maintenir la ferveur de tes aspirations, pour que s'établisse en toi une correspondance naturelle avec la Lumière que tu aimes.

Il est bon désormais que ta préoccupation dominante soit contenue en cette élévation.

Centre ton idéal sur ce nouveau Bonheur pour que s'accomplisse, chaque jour, ton retour aux Sources.

Ne te soucie nullement du lendemain. L'avenir est à Dieu ; mais ce jour qui passe t'appartient et sera pour toi ce que tu vas en faire!

Il sera bien plus précieux encore lorsque tu sauras que *la qualité de ton devenir est déterminée par la qualité du jour que tu vas vivre!*

C'est pourquoi il ne faut pas gaspiller le temps. Non parce qu'il est limité, mais parce que *le temps ne sert à rien s'il ne sert pas à amplifier l'éclat de ta vie!*

Les anciens disaient : *« à chaque jour suffit sa peine! »*. Pour toi, maintenant, *à chaque jour suffit sa joie* car chaque jour augmente ta radieuse espérance et chaque jour augmente ta confiance en la vie.

Tu sais parfaitement que, si tu ne faisais pas ainsi mouvement vers ton apogée, tu serais encore enfoui sous ta carapace de ténèbres, malheureux de ne pas découvrir ta Lumière, dépouillé de toute ferveur, dans le vide et la vanité d'un monde sans espoir.

Mais tu es là, fidèle au rendez-vous de grâce, en marche vers ton altitude et ta certitude est vivante.

Rien au monde ne saurait freiner ta progression — hors toi-même — ni altérer ta paix car tout concourt à la convergence harmonieuse des divers plans de ta conscience vers ton plus haut Destin.

Une pause dans l'élan, renouvelée chaque jour au pur silence de ton recueillement, marque le point où tu captes la Lumière qui s'épanouit sur ta vie.

Accueille avec gratitude cette promesse de victoire. Accueille en toi, de toute ta ferveur disponible, ce commencement d'allégresse que dispense ton éternelle Vérité.

Sache-le bien : le moyen d'avancer le plus rapidement est de ne pas te presser, car toute précipitation en ce domaine bloque tout élan. Toute intervention de la conscience mentale, pour activer une manifestation *qui n'est pas de son ressort*, la stérilise au lieu de la stimuler.

C'est le moment de faire ici la synthèse de ce début d'épanouissement et de souligner l'état de sérénité qui accompagne sa naissance.

Cette mise au point est une trêve heureuse : tout est calme tout est paisible et silencieux en toi. Une harmonie règne.

Rien ne te presse car tu es déjà hors du temps.

Ce que tu fais, en ce moment même, le Mouvement que tu amorces vers la Plénitude a des conséquences incalculables et des vertus que tu ne peux encore concevoir, qui vont s'épanouir au-delà de ta propre vie.

C'est un Mouvement spontané qui, toutes conditions étant réunies, naît de façon naturelle, à la seconde pathétique de ce temps PRÉSENT dont tu fais éclater les limites et qui s'intègre à son éternité.

Ce premier Mouvement est difficile si tu ne sais, préalablement, qu'il est aussi simple.

C'est un phénomène qui s'apparente, dans un certain sens au vertige : celui qui se croit sujet au vertige ne s'aventure pas sur une passerelle étroite au-dessus d'un abîme et, s'il s'avance, il tombe au premier pas.

Celui qui a confiance en son équilibre sait qu'il n'est pas fait pour la chute. Il avance sans peur et il ne tombe jamais !

En ce qui te concerne, pour mieux assurer ta marche, non seulement tu es sans crainte mais, de plus, tu regardes la Lumière qui est visible sur *« l'autre rive »*.

C'est à ce point précis, où tu es ainsi pleinement sécurisé, que tu reçois le premier rayonnement de la Plénitude espérée.

En cette nouvelle étape de ta progression intérieure, nous allons faire le point.

Selon nos indications, tu observes avec la plus grande probité et sans aucune complaisance, ce qui se passe en toi.

Tu t'approches de la Lumière, tu devines sa présence, mais elle ne t'investit pas encore. Tu es engagé dans un autre chenal où les premières lueurs qui annoncent l'aurore te montrent la proximité du seuil.

Ici, plus qu'en tout autre point de ton parcours, ton expérience, pour être authentique, doit être effectivement vécue, ressentie et observée.

Tu es au point de non-retour où tout t'est déjà donné ; mais peut-être n'as-tu pas encore le style ou la manière de prendre ; peut-être n'as-tu pas encore la force, l'audace et l'initiative de prendre possession de l'Essentiel ?

Il ne te manque, pour cela, qu'un peu de persévérance dans l'élan, un peu plus de gratitude dans ce que tu reçois déjà, un peu plus de ferveur pour l'harmonie qui te pénètre malgré l'étroitesse du chenal que tu traverses.

De toutes façons te voici à pied d'œuvre pour le franchissement du seuil de Lumière.

Ce que tu attends, ce qui vient, ne t'est pas extérieur. C'est en toi que va se faire la révolution de ton évolution!

C'est en toi que va se manifester la Lumière attendue et que va s'étendre le calme radieux tant espéré.

Tu es en attente de grâce et tu nous demandes : quand le miracle va-t-il se produire ?

Nous te répondons : peut-être tout de suite, *à la seconde même où ton ressourcement effectif augmente ton potentiel de réceptivité !*

Car le passage du seuil est pour toi — comme pour chacun de nous — une qualité supérieure de disponibilité qui détermine, en ton état de réceptivité plénière, l'épanouissement de ta vie vers sa dimension sereine.

Un calme sidéral est en toi.

Radieux ? — Non pas encore. Neutre seulement, pour le moment.

Ta Paix intérieure est acquise. Ta sérénité est-elle constante ou relative ? Disons qu'elle est presque constante.

Quant à la Lumière intérieure, elle est encore intermittente.

Pour être juste, c'est un rai de Lumière, non un flot de Lumière qui passe en toi.

C'est pourquoi la qualité *radieuse* du calme n'est pas encore évidente en toi.

Tu sais seulement qu'elle va devenir réelle et que cela ne saurait tarder.

Cependant tu ne te livres à aucune anticipation, car ce ne sont plus des promesses ou des espoirs qu'il te faut maintenant : *c'est la réalité de ton épanouissement, observable dans l'absolu.*

Ce premier Mouvement vers la Plénitude te fait prendre conscience d'une Présence indicible que tu désignes parfois par Esprit, parfois par Lumière et que tu perçois confusément encore, au-delà de tes limites coutumières sur un plan de sérénité que tu sais immuable.

Or, rien de ce qui touche à ton plan organique ou à ta vie mentale n'est immuable. A ces niveaux, tout change sans cesse d'un jour à l'autre, d'une heure à l'autre, d'une seconde à l'autre même.

Car, sur ce plan, *la vie se cherche*, comme chacun se cherche sans le savoir, éprouvant d'ailleurs fréquemment l'insatisfaction de ne pas se trouver ou de ne trouver, de temps à autre, que des fractions éparses de *CE qu'il pourrait être,* de CE qui correspond à ces aspirations les plus hautes et les plus secrètes aussi, parce que les plus informulées.

Mais, ici, ce que tu trouves t'émeut profondément lorsque la Présence immuable en toi se révèle, t'absorbe en son immensité pour que tu t'abandonnes en cette communion.

Tel est ton abandon provisoire, *« l'abandon aimé de Dieu »*, selon Péguy, qui correspond, comme tu le verras plus tard, à la plus haute dimension de ta véritable dignité.

Communie dans la joie en cette éternité qui te transcende, parce que tu es porteur d'âme, toi si fragile, si infime, si imparfaite créature.

Sache que tu peux faire alliance avec la Plénitude parce que tu détiens, malgré toutes les insuffisances de ta condition d'homme, une infinitésimale particule de Lumière divine.

Lentement et joyeusement, avance vers elle.

Fais effectivement le premier Mouvement vers cette Lumière que tu portes, vers la sérénité immuable qui est en toi, vers cette dimension de l'Esprit en laquelle tu es immergé!

Tel est le sens de ta recherche, telle est l'orientation que tu dois garder.

Progresse maintenant, dans l'ordre, de découverte en découverte ; mais surtout *reste fidèle, profondément fidèle à ta vocation originelle d'être humble et glorieux conquérant de la grâce.*

Nous allons encore utiliser le mot « particule » pour désigner l'infinitésimale partie de pureté, de pure ferveur et de pure aspiration, qui mérite en toi cette prestigieuse promotion par laquelle tu t'élèves vers l'apogée de son Destin.

Tout est dans tout. L'infiniment petit rejoint à chaque instant l'immensité de l'univers en expansion continue dans l'éternité des espaces galaxiques.

C'est ainsi que ton Harmonie est à l'image de l'Harmonie sidérale dont tous les hommes, sans le savoir, font partie.

Mais, la sédimentation qui durcit la coquille de la vie est telle, que la libération est lente. Durant des millénaires quelques fissures, de-ci, de-là, laissent parfois passer un maigre filet de lumière grise...

Cependant, ton Mouvement se fait. La ferveur et la certitude en toi intensifient leur activité.

Tu es à la limite des mondes, dans cette pénombre déjà sereine, entre la nuit et l'aurore où tu entres déjà dans le champ spirituel de la divine Harmonie.

Certes, tu ne passeras pas en bloc, tout entier, avec les impuretés et les imperfections de ta nature, qui est aussi la nôtre. *Tu franchis le seuil de ta nuit sur le seul plan de ta conscience qui reçoit déjà la Lumière.*

Jour de victoire

Le self-contrôle psychique, une lucidité de l'Essentiel et la permanence du contact avec ta sérénité radieuse, constituent les trois éléments de ta victoire.

Tu remarqueras que ces trois éléments, étroitement imbriqués, dépendent les uns des autres. Disons que la possession d'un seul entraîne la possession des autres et que le manque d'un seul d'entre eux empêche les autres de se manifester.

Chacun peut faire sa première tentative d'accéder à ces trois éléments en commençant par celui qui lui correspond le mieux ; mais nous savons bien que tu as commencé par la fin! C'est bien là le privilège des ardents, des fervents et des enthousiastes, de foncer sur l'objectif final!

Bien entendu ce franchissement en force comporte des risques, notamment celui de ne pouvoir soutenir en soi la permanence de l'Essentiel et de voir ressurgir périodiquement les forces de discordances dans le désordre de leur superficialité.

C'est un risque mineur, largement compensé par d'immenses bienfaits. Nous approuvons donc ce processus.

A partir de là, durant ton recueillement, tu franchis chaque jour le cap de ta plus haute-Espérance, tu communies avec ta Lumière et tu retrouves ta sérénité radieuse.

C'est ainsi que commence ton entrée au temps des Plénitudes.

Ceci est un fait, une réalité vivante, une harmonie à ta disposition pour laquelle tu te passionnes.

Tu n'es plus un être tiède, sans ferveur et sans élan, tu es *passionné d'harmonie.*

Bien que tu sois au début de la démonstration expérimentale qui t'est proposée en ces pages, tu es déjà au cœur de ton expérience parce que c'est ICI que se détermine ton Destin *par la qualité de conscience* à laquelle tu accèdes et que nous allons ainsi définir.

Tu te rends compte très exactement de ce qui se passe en ta réalité intérieure et tu prends claire conscience que, durant un court instant, tu t'approches du but.

Durant ce temps très particulier, qui ne ressemble à aucun autre, durant ce temps que nous pouvons qualifier de prestigieux, *tu prends possession de ta Victoire.*

Il importe peu, à ce stade, qu'elle te semble éphémère car, en réalité elle n'est pas éphémère : elle est bel et bien définitive, immuable et intemporelle. *C'est toi seulement qui change de temps, qui change de dimension et qui change de bonheur, parce que tu ne te maintiens pas encore au niveau de ton altitude.*

Mais tu acceptes allègrement la pesanteur de ta condition qui te ramènes vers tes marécages. Tu n'es pas en état de révolte contre ta propre condition et *c'est là ta sagesse!*

Tu composes avec tes insuffisances pour les mieux dominer et tu t'organises pour une progression continue.

Telle est désormais ta satisfaction la plus profonde qui justifie et entretient ta ferveur et ta joie.

Tu es maintenant l'homme de ta certitude et ta certitude heureuse est celle-ci : chaque jour de ta vie est un jour de Victoire ; chaque jour de ta vie est le plus beau de ta vie, parce que s'élargit, chaque jour davantage, le temps de ta communion essentielle!

Telle est la vérité tel est ton bonheur : tu progresses chaque jour vers ta Plénitude. Tu as chaque jour une conscience plus claire et plus étendue de ton accession triomphale hors du temps.

Il t'arrive même aux périodes fastes de ton ascèse, de prolonger à loisir le temps de grâce et d'être au sein glorieux de ta vie, épanoui en son rayonnement.

Certes, tu reviens ensuite de cette altitude ; mais tu reviens profondément apaisé, plus fort et mieux armé pour le combat. Tu reprends pied sur la Terre d'épreuves ; mais rien n'est plus, pour toi comme avant car ta conscience heureuse est toujours prête à revenir dans la Lumière de son Ciel.

En réalité ta révolution intérieure est faite. En ta dimension spirituelle tout est en train de s'accomplir.

Ce qui te reste à faire est de dépasser ici même le niveau de ta propre condition, de te persuader que ce dépassement est possible et que ton bonheur est de t'y consacrer pour le réussir.

Pour que ton orientation devienne toujours plus ferme, améliore de plus en plus la qualité de ton recueillement et multiplie les points de ta communion essentielle.

Réapprendre l'émerveillement

Dans ce monde blasé, où la jeunesse elle-même a souvent le cœur sec, où la matérialité, l'âpreté, la dureté des hommes, joue contre leur harmonie, nous parlons d'une valeur inconnue qui semble appartenir au lointain passé des contes illusoires dits contes de fées : l'allégresse.

Des personnes attentives à leur culture nous disent que nul ne leur à jamais parlé de cette plénitude épanouie qui exalte le cœur.

Cependant, nous disons au cours de ce livre qu'il faut réapprendre l'émerveillement pour retrouver en soi l'allégresse perdue.

Un matin de printemps nous nous promenions dans un jardin de " Sforza " que nous appelons le jardin de la mer, en compagnie d'un ami venu des montagnes. Dans l'harmonie de la nature les camélias, les tulipes et les premières roses mettaient leur éclair de lumière tandis que les rossignols s'en donnaient à cœur joie et que le ressac de la mer accompagnait leur symphonie.

Soudain, près d'une pièce d'eau, alors que nous avions une claire conscience de cette plénitude qui chantait en nous et autour de nous, l'ami nous dit ceci : « c'est tellement merveilleux ...»

Puis, après un long silence, il ajouta : « nul n'est jamais assez heureux par rapport à ce qu'il pourrait être! »

Il nous est apparu par la suite que ces paroles renfermaient une vérité exceptionnelle dont nous n'avions pas encore fait le tour et dont il nous fallait découvrir les multiples aspects.

Nous pouvons le dire aujourd'hui : cette vérité concerne la différence qui existe entre un bonheur accessoire, secondaire, fragile, passager et le bonheur essentiel qui est un état supérieur d'harmonie.

Elle marque aussi la différence entre une turbulence de vie qui se manifeste dans le désordre, sans finalité à sa mesure et l'univers de Plénitude où tout est grâce, où tout converge vers l'allégresse.

Ce sont deux mondes superposés, deux états de la conscience, deux dimensions de l'être, qui sont à la disposition de l'humanité.

Chacun de nous peut y accéder. Il suffit et il appartient à chacun de nous, en effet, de prendre conscience que l'ambition d'une telle accession n'est jamais démesurée.

Il est nécessaire de nourrir cette ambition, de savoir qu'elle n'est pas téméraire car ce qui reste à découvrir en notre dimension de Lumière, dépasse immensément tout ce que nous pouvons espérer.

D'ailleurs le pouvoir de rayonnement et d'épanouissement qu'elle renferme n'est-il pas le caractère fondamental de la Plénitude ?

Il semble bien que se soit une faculté qui se réveille après des siècles d'inactivité ou cette chance de vie a été ignorée, s'est atrophiée par le non-usage et que nous allons réapprendre! Nous allons réapprendre l'émerveillement et réapprendre l'allégresse pour que notre conscience, encore engluée de ses ténèbres, fasse mouvement vers son destin de Lumière.

Allons-nous pouvoir nourrir la nouvelle espérance qui est en nous ? Allons-nous pouvoir l'alimenter par la suprême abondance qui nous est offerte depuis toujours ?

Vers cette dimension hors du temps, il importe peu que l'espèce mutante mette quelques semaines ou quelques milliers d'années pour accomplir sa mutation.

Des embryons de vie sont en mouvement depuis la naissance des mondes, sans avoir encore pris connaissance de leur finalité ; mais notre humanité possède toujours une possibilité d'épanouissement, donc une chance de bonheur.

Encore faut-il qu'elle se rende compte que ses activités terrestres ne sont pas une fin *mais le prélude à son élévation* et qu'elle doit se préparer à réussir sa mutation essentielle.

Nous savons bien que, pour beaucoup de nos contemporains, il s'agit là d'une espérance sans fondement. Pour eux la seule réalité de la vie est ce qui les entoure, ce qu'ils voient ce dont ils souffrent : le mal, la peine, les difficultés, la vanité de la vie que sanctionne et souligne leur trépas. C'est *une évidence de néant* qui parait insurmontable.

Une série de miracles serait nécessaire, semble-t-il, pour que notre monde actuel, en proie au désespoir fasse mouvement vers sa Lumière.

Mais ces « miracles » ont lieu tous les jours et à chaque heure de chaque jour. Ils n'ont rien de *« miraculeux »* dans le sens de surnaturel, car ils font partie de la Nature de l'homme et de la Nature même de la Création.

C'est à chacun de nous qu'il appartient de prendre conscience de leur universelle et présente réalité. C'est à chacun de nous qu'il appartient de prendre possession de la Lumière qui est à portée de nos âmes!

Le déroulement de ce processus est relativement simple : il s'agit en quelque sorte, *d'une compréhension plus haute de la vie par laquelle va se manifester notre intelligence de l'Essentiel.*

C'est un mouvement naturel, un mouvement intérieur que nous pouvons faire dans le silence et le recueillement, lorsque tout est paisible en nous, lorsque nous sommes en harmonie. Nous parlons ici d'une paix attentive et d'une harmonie offerte qui nous porte à l'épanouissement.

A ce propos nous devons faire preuve d'un discernement de haute qualité. Non parce que ce que nous cherchons se cache obstinément, car ce n'est pas cela du tout : ce que nous cherchons nous cherche plus encore! Ce que nous cherchons vient à notre rencontre et nous appelle!

Car ce que nous cherchons, cette particule de joie vivante, Lumière ensevelie en nous, est animée d'un élan qui la porte à s'épanouir et elle ne peut s'épanouir en nous qu'avec notre consentement.

C'est pourquoi il y a un enrichissement réciproque et simultané en cette rencontre qui est communion.

Une flamme intérieure s'élève des abysses de la nuit. Elle donne vie aux immenses territoires désertiques qui sont en nous, dont nous ignorons la splendeur parce qu'aucun rai de Lumière ne les a encore révélés.

Mais le monde glacé de nos ténèbres s'anime à la seconde même où nous prenons possession de la ferveur nouvelle qui nous investit de son rayonnement.

C'est une harmonie légère en épanouissement, la présence, confuse encore, de la première allégresse en soi.

Le processus d'extension de ce mouvement intérieur comprend à notre sens, deux phases successives.

Au premier temps : prendre conscience de cette réalité d'allégresse, avec l'infini respect que l'on peut avoir pour ce qu'il y a de plus sacré en soi.

Au deuxième temps : garder, quoi qu'il advienne, une permanence de contact, aussi menue soit-elle, avec cette réalité.

A la fermeture de soi, au refus obstiné de toute Lumière, qui réduit les êtres à de cruelles limitations, *succède une ouverture qui exalte la vie.*

C'est la rencontre d'une nouvelle espérance et l'entrée de la conscience en son plus haut bonheur.

Ici commence pour elle le temps des Plénitudes, vers lequel elle esquisse son premier mouvement.

Recueille-toi longuement sur ce dernier événement.

Ouvre-toi immensément pour recevoir, au plus pur de toi-même, cette particule de Lumière qui correspond à ta vie, qui est à l'origine de ta vie et qui est seule capable d'épanouir ta vie.

Tu es la Terre qui boit à sa source.

Tu es la nuit qui s'ouvre à l'aurore.

Discerne l'allégresse au sein de ton recueillement. Entoure-la de tendresse et d'amour. Et que toute ta ferveur disponible converge vers elle pour protéger sa fragile substance.

CHAPITRE XI

DEUXIÈME MOUVEMENT VERS LA PLÉNITUDE

Vers la communion essentielle

Dieu n'est pas une construction mentale, une idée en soi, une représentation abstraite de la dimension qui nous transcende.

Pour toi, fidèle lecteur, et compagnon de notre longue route, depuis longtemps déjà *Dieu est Lumière, Lumière intérieure, Lumière vivante.*

C'est avec sa réalité que tu communies au plus pur et au plus secret de ton cœur, *c'est avec elle que tu es en harmonie.*

Tu ressens, au plus profond de ta substance, le rayonnement de cette prestigieuse alliance, force qui te rattache à la vie, sans laquelle tu serais une inconsistance à la dérive de toi-même, *force par laquelle tu es joie!*

La réalité de Dieu qui est Lumière, c'est la Lumière qui est en toi.

Certes, l'approche incertaine des croyances intellectualisées peut te mettre sur la voie. Or, ce qui importe, ce qui est essentiel, *c'est être au sens le plus élevé du verbe, sur le chemin de Lumière.*

L'essentiel est d'ÊTRE en harmonie avec la réalité de Dieu, dans une communion qui est grâce.

Lorsque tu es orienté vers cette direction, tu es profondément apaisé et, par voie de conséquence, tout s'apaise autours de toi !

Des perspectives d'harmonie se présentent, s'offrent et s'ouvrent à toi, viennent vers toi beaucoup plus que tu ne vas vers elle, *parce qu'elles sont complémentaires de ton rayonnement.*

Il est bon, en cette occurence, que tu observes avec le plus grand soin et avec la plus vive gratitude, le cheminement naturel qui existe entre les effets et leur Cause.

Telle est, en fait, inscrite et vérifiable en ton actualité, ton abondance que nous disons suprême, pour bien marquer qu'elle est inépuisable et plénière.

Dans un monde qui manque de tout parce qu'il manque de joie, dans un monde qui a tout perdu parce qu'il a perdu sa raison d'être, tu reçois cette abondance qui t'appartient et ceux qui s'ouvrent à elle la reçoivent pareillement.

Evidement, ceux qui se complaisent au niveau de leur nuit, dans leurs vaines agitations de surface, ne verront jamais se propager en eux le moindre rai de Lumière tant qu'ils nieront sa présence.

Tu n'as pas à t'alarmer pour ceux qui vivent ainsi exilés de leur bonheur et tu ne peux rien pour la tiédeur du Nombre car chacun est libre de choisir, mais tu peux le dire si l'on t'interroge : *tous les êtres du monde peuvent accéder à cette Plénitude s'ils sont portés vers elle par l'élan intérieur d'une ferveur enthousiaste!*

C'est l'élan intérieur de ta certitude fervente qui te révèle le sens glorieux de la vie, qui donne à TA VIE sa noblesse, sa dignité et son rayonnement.

« TOUJOURS AU-DELÀ » est ta devise ; car la Lumière te précède, élargit toujours plus loin ton horizon, te montre où tu vas, donne une cohésion à ta recherche, éclaire ta progression, pour qu'elle ne se fasse pas à tâtons, dans les ténèbres, avec cette inquiétude de ne rien découvrir, qui stérilise l'élan des velléitaires.

Ta joie intérieure dépend d'un Mouvement que tu peux faire en toi, *qui est l'acte d'un dépassement continu de toi-même.*

Il y a, en toi, une grâce non révélée, secrètement enfouie, qui t'assiste dans toutes les circonstances, qui est l'épicentre de ton rayonnement.

Cette Lumière que tu perçois au temps de ton recueillement, justifie pleinement toutes tes espérances.

Lorsque tu avances vers la connaissance, une aurore surgit de la nuit sans étoiles. Tu assistes à l'épanouissement de ta vie, dans une autre dimension de la sérénité, qui n'est ni passive, ni contemplative, mais *une sérénité ardente qui correspond à une harmonie ascensionnelle en toi.*

La richesse intérieure

La seule véritable richesse de l'homme est sa richesse intérieure.

La seule allégresse durable qui puisse épanouir sa vie, ne dépend pas des circonstances, ni des satisfactions sensorielles, ni des possessions matérielles, *mais uniquement de sa faculté d'accéder, en sa haute-Conscience en son plan d'harmonie.*

Tout son bonheur, la réussite de sa vie et la suite de son Evolution, dépendent directement de cette possibilité d'accession.

Et pourtant!...

Qui se préoccupe de centrer, sur ce point capital, l'attention des hommes ? *Où sont les enseignants qui enseignent l'Essentiel ?*

Pourquoi, dans une gigantesque confusion qu'il faudra bien dépasser, le monde donne-t-il, à des valeurs infiniment secondaires, une importance considérable qui lui masque la réalité des valeurs fondamentales qui le concernent ?

Dans un opuscule intitulé *La construction des hommes civilisés*, Le Dr. Alexis Carrel écrivait déjà ceci en 1937 : « Il est devenu évident, aux hommes les plus clairvoyants de notre époque, que la vie ne consiste pas uniquement à produire et à consommer et que nous nous composons d'esprit autant que de tissus, d'organes et de sang. Nous devons chercher dès à présent, *comment* construire des individus d'une plus haute stature intellectuelle et spirituelle ».

Certes, le Dr. Carrel pose clairement le problème ; mais il ne répond pas à la question : comment construire un homme meilleur, ou *comment construire un monde meilleur!*

Bien d'autres auteurs, dont certains sont aussi célèbres, ont posé la même question et continuent de la poser encore de nos jours.

Est-ce à dire que la réponse n'a jamais été énoncée ?

Absolument pas. Cette réponse *dont dépend la qualité de la vie,* a été donnée à tous les âges de notre humanité!

Elle figurait déjà dans les écrits védiques, sept siècles avant notre ère. Elle est dans les évangiles. Elle a été répercutée par les sages et les philosophes de tous les temps.

Comment se fait-il que cette réponse, qui devrait être connue de tous, semble n'attirer l'attention de personne, même de nos jours ?

C'est parce que l'homme civilisé d'aujourd'hui, s'il est bien au niveau d'une question qui lui correspond parfaitement, n'est pas encore au niveau de la réponse ; de sorte que même donnée par écrit et avec insistance, cette réponse le traverse mais ne le pénètre pas!

Certes, les hommes de bonne volonté sont légions ; mais combien d'hommes de bonne volonté n'en manifeste aucune lorsqu'il s'agit d'une Connaissance qui concerne la qualité de leur vie, sous le fallacieux prétexte qu'ils n'ont pas le temps ?

Ils ne savent pas encore qu'ils n'apportent pas assez d'attention à des problèmes, à des solutions, à une réponse qui les touchent profondément.

Lorsque nous prenons conscience du monde faux et illusoire, autour duquel se fige l'intérêt des foules nous touchons en même temps du doigt l'indifférence qui semble pétrifier les hommes en face de l'Essentiel.

N'auraient-ils plus le temps de s'intéresser, aussi peu que ce soit à leur richesse intérieure ?

A force de se disperser à l'infini sur une multitude d'objets secondaires, *les hommes de notre temps n'auraient-ils plus le temps de VIVRE ?*

Mais le mot VIVRE est vague. Pour certains il a le sens de s'occuper, de se distraire, de s'occuper ou de durer.

Pour nous, il a le sens de *s'épanouir dans la ferveur, avancer vers la connaissance de soi, être en état de sérénité, être en état de bonheur.*

Prendre le temps de vivre comporte alors la nécessité d'adopter une éthique de vie ; mais pour la définir, les mots tels que : ferveur, harmonie, plénitude, Esprit doivent être pris dans leur plus haute acception *et révéler les réalités qu'ils recouvrent!*

Avant la désintégration de la matière, nul ne pouvait concevoir la force prodigieuse qu'elle contient en ses particules infinitésimales qui, sous les apparences de l'immobilité, se meuvent à la vitesse des météores interplanétaires!

Mais nul n'a jamais désintégré la vie de l'Esprit.

Seuls, les sages, les mystiques, les philosophes, les créateurs inspirés, ont fait part à notre humanité de leur expérience et ont défini les réalités qu'ils ont découvertes.

Comme dans la recherche scientifique des lois qui régissent la matière, leur recherche des lois qui concernent l'Esprit a pour base la précision, la clarté, la logique de la démonstration expérimentale.

Pour eux, comme pour les savants, une loi ne peut s'établir que sur un ensemble de preuves et *c'est toujours la constatation observable d'un rapport constant, se renouvelant à volonté en des conditions déterminées, qui est fondamentale.*

La rigueur de l'observation, dans les deux cas, est identique.

Certes, de nombreux scientifiques pensent que nous sommes dans un monde fermé, un monde à trois dimensions et qu'il n'en existe pas d'autres.

Mais cette position apparaît de plus en plus précaire aux yeux de ceux qui avancent dans la Connaissance de soi et peuvent exprimer ce qu'est la réalité des plans supérieurs de leur conscience, la réalité de la sérénité et de la plénitude qui s'y rattache.

La certitude métaphysique est désormais à la disposition de tous parce que chacun peut, s'il s'y applique, expérimenter les lois de l'Esprit qui, à partir des mêmes Causes, produisent les mêmes effets et démontrent ainsi l'exactitude de leurs vertus.

Les critères de la vérité

Nous manquerions d'humilité si nous pensions un seul instant que nous possédons toute vérité!

Nous ne pouvons connaître qu'une parcelle de vérité, à notre dimension et à notre mesure. Ce qui importe est que nous sachions ceci : *notre Vérité, à quelque niveau que nous l'appréhendions, fait partie d'une Vérité plus haute qui la contient et la détermine, que nous n'avons pas encore découverte et que nous voulons découvrir.*

La définition même de la vérité implique qu'elle fait partie d'un tout et qu'elle s'incorpore dans une perfection dont elle est digne, dont elle est l'essence et dont elle possède intrinsèquement tous les caractères.

C'est pourquoi la sagesse est sereine.

Le sage sait, par son expérience, que la parcelle de Vérité qu'il détient n'est jamais remise en cause, qu'il n'est jamais trahi par sa Vérité, et qu'elle débouche toujours sur une Vérité plus vaste, aussi démontrable que celle dont elle est issue.

Il aime sa Vérité comme une particule de Lumière qui éclaire et harmonise sa réalité intérieure ; mais à travers cette Lumière, au-delà de cette Lumière il aime une Lumière plus haute, il aspire à une autre Lumière qu'il ne voit pas encore mais dont il perçoit, de temps à autre, par une fulgurance de grâce, les premières lueurs.

Le sage aime sa Vérité parce qu'elle est pure, sereine et joyeuse.

Il est lui-même, au fond de son cœur, à l'image de sa Vérité et, parce qu'il est sincère, authentique, en harmonie avec sa Vérité, *il n'y a pas de conflits, il n'y a pas de discordances en lui.*

Certes, il est loin d'être parfait et il a une claire conscience de ses imperfections ; mais *il aspire toujours à être meilleur.*

Il sait d'ailleurs que cette aspiration fervente en lui est son plus grand bonheur. Ses vertus sont toujours joyeuses car, si elles ne l'étaient pas, si l'exercice d'une vertu l'inclinait à la tristesse, c'est qu'une erreur de parcours aurait été commise et que, sur un point du circuit, la Vérité aurait subi des contraintes et en aurait été altérée.

Tester la Vérité, c'est précisément vérifier qu'elle correspond à l'harmonie de l'âme, à la Paix intérieure et qu'elle s'ouvre sur l'allégresse légère qui annonce, en chacun de nous, l'approche d'une nouvelle Plénitude.

Tout au long de ta progression, ami lecteur, nous te demandons de tester ta Vérité ; mais en cette partie très importante de ton parcours, nous avons encore à te dire ceci.

Au temps de ton recueillement, au-delà du silence, à l'instant même où les perspectives de Lumière sont ouvertes, *où tout t'es donné*, tu peux encore rester immobile passif et froid devant cette splendeur qui sollicite ton élan.

A ce moment décisif de ton ascèse, c'est encore toi qui doit fournir l'ardeur de ta communion, le courage, la ferveur et la persévérance, la pureté et l'enthousiasme!

Nous ne t'avons jamais caché qu'il te serait beaucoup demandé et que la bonne volonté doit être toujours présente.

Mais que serait ta bonne volonté, en quoi consisterait-elle si ce n'était précisément à tirer de toi ce que tu as de plus précieux pour l'épanouir à la Lumière et bénéficier ainsi de ta suprême abondance ?

Garde résolument le contact avec l'Essentiel. L'allégresse en toi est une énergie créatrice dont tu vas apprendre à te servir pour prendre possession des pouvoirs qu'elle confère.

Tu dois maintenant faire preuve d'audace et *PRENDRE ce TOUT* qui t'est donné et qui te revient de plein droit.

Demande et tu recevras. Tends la main et nul ne la refusera. Ouvre ton cœur à la grâce, à la grâce qui est joie et la Plénitude que tu aimes t'investira.

Conscience de grâce

En avançant sur le chemin de ton évolution, tu éprouves de plus en plus le besoin, après avoir défini la vérité, de définir la Grâce.

Mais une plus grande réserve est de rigueur pour cette dernière car la grâce est une conception à multiples facettes et il vaudrait mieux en présence de tiers, que le mot grâce, s'il est prononcé, ne soit pas trop défini, chacun devant ressentir finalement en lui les émotions et les influences qu'il détermine.

Pour nous qui annonçons un monde meilleur et qui émergeons sur notre plage d'harmonie, il y a *une disponibilité de soi, suivie d'un centrage sur le Présent, que nous appelons une Harmonie dans l'actuel et qui fait épanouir la vie au meilleur de nous-même.*

C'est la haute conscience de cet épanouissement qui prépare la grâce.

Par la prise de possession de cette actualité radieuse, tu passes le seuil de Lumière et tu entres sur la Terre du Paradis qui se révèle devant toi.

Ton aspiration et ta ferveur ouvrent alors ton être profond à son élément de plénitude et nous souhaitons que tu portes une attention prolongée sur cette transcendance d'Harmonie *parce qu'elle est essentielle.*

Il serait regrettable que, survolant distraitement cette essentialité, tu ailles chercher ailleurs, ou plus haut, ou plus profond en toi, d'autres sources de Vérité, *alors que tu es, ici même, en ta Lumière, apaisé, « sécurisé » et pleinement harmonisé sur l'épicentre de la grâce!*

Tu reviendras, chaque jour de ta vie, reconstituer ici ta ferveur, ta force, ta jeunesse et ta joie.

C'est ainsi que ce ressourcement quotidien va te conduire à approfondir, beaucoup plus que de coutume, *la notion du dépassement de soi.*

Tu prends alors conscience qu'il ne s'agit pas là d'une notion élémentaire mais d'une disposition particulière et capitale du psychisme sans laquelle nul ne connaîtrait jamais la suprême abondance et les jours meilleurs tant espérés.

Par cet acte de ressourcement, nous entrons véritablement ici dans le cœur du sujet.

Et tu te sens l'âme légère, au seuil de cet événement, dans l'allégresse de la grâce intemporelle qui t'entoure!

La grâce intemporelle que tu découvres et qui t'investit, coule ainsi depuis la nuit des temps, jusqu'à la Lumière des temps comme un baume bienfaisant. Elle traverse le chaos et l'harmonise, elle perce les ténèbres et les éclaire. Elle transforme les détresses qui semble les plus définitives en plénitude de vie!

Comme nous l'avons dit précédemment, elle est une communion avec l'Esprit de Dieu.

Les jours meilleurs que nous t'annonçons sont ceux du dépassement de soi par une aspiration puissante et continue à la grâce.

De sorte que ce mot grâce, qui est l'un des plus secrets de notre vocabulaire, celui qui contient le plus de force le plus de mystère et le plus d'espérance, prend ici, tout-à-coup, une place de prédilection au premier plan de ton actualité.

Ceux qui croient avoir le monopole de la grâce diront peut-être ici leur mécontentement ; mais nous ne parlons pas le même langage ni, sans doute, du même événement.

Nous parlons d'une réalité vivante et c'est le moment, pour nous, de parler en termes de certitude.

Le sujet est trop important pour que nous puissions nous en tenir à des hypothèses. *Nous dirons donc ici notre certitude de l'omniprésence de la grâce.*

C'est à partir de cet acte de certitude, le plus élevé et le plus beau que nous puissions faire, que le miracle s'accomplit et que *TOUT S'ACCOMPLIT!*

C'est un acte de libération, celui qui donne libre cours à l'épanouissement, libre cours à l'harmonie, libre cours à l'allégresse d'être et nous met *en condition de plénitude.*

Nous te demandons, lecteur, de cultiver précieusement au secret de ton cœur cette révélation qui est faite à chacun de nous à un moment de sa vie. Pour que rien de ce qu'elle contient ne s'égare dans la superficialité du mental ; afin que tout se retrouve au meilleur de toi-même, pour être assimilé, transmis, clamé et proclamé à tous échos!

C'est *la Connaissance essentielle* sans laquelle aucune plénitude ne saurait être atteinte. C'est la Connaissance par laquelle les jours meilleurs que tu espères sont déjà là!

Tu exprimes ta gratitude dans la joie, pour la grâce que tu reçois, pour la force intérieure qui t'est donnée, pour l'abondance suprême qui t'est offerte.

Ta nature, portée à l'épanouissement, n'est pas de celles qui pourraient sous-estimer la valeur d'une telle substance et rejeter aux arrière-plans de la conscience un révélation qui est plus qu'une raison d'espérer, *mais désormais une raison d'être!*

Ainsi tu es à un tournant décisif de ta destinée et il va de soi que ta Sagesse acquise va polariser *vers ce ressourcement essentiel* toutes ses virtualités d'ouverture et d'accueil.

Une disponibilité optimale de toi-même est nécessaire pour accéder à l'état de grâce; mais aussi une aspiration intérieure dans le recueillement vers une réceptivité qui est silence.

La manifestation de la grâce revêt des manifestations infiniment diverses : elle peut être fulguration, révélation spontanée ou, plus discrètement, inspiration paisible, lumière qui apparaît à la conscience apaisée comme un coin de ciel délivré de nuages. Mais nous sommes ici aux portes d'une plénitude dont la connaissance est encore embryonnaire...

Dans la dimension de la grâce tout reste à découvrir et, dans ce domaine, tu ne porteras jamais assez haut ton ambition de connaître.

Pour faciliter ton ascèse, prolonge le temps de ta communion, étends ton alliance à toutes les heures de ta vie pour que ta Plénitude soit moins intermittente, pour ÊTRE, au sens le plus élevé du verbe, de toute ta ferveur, en harmonie avec ton Destin spirituel.

Nous sommes ici sur un sommet de la Sagesse, dans une sérénité transcendantale, « au plus pur et au plus secret de notre substance vivante »!

Sur un point de ta conscience la particule d'allégresse illumine ta vie. C'est une présence en toi qui désintègre les ténèbres et rayonne sur ton ciel.

Depuis longtemps, après des années, mois après mois, jour après jour, tout ce que tu as appris de substantiel dans la vie, convergeait vers cette révélation majeure, t'incitait, par des moyens extrêmement divers, *à faire cet acte de ressourcement*, qui consiste à prendre conscience et à prendre possession de ta plus précieuse richesse.

Jamais mieux qu'en cette prestigieuse occurrence, un acte ne démontra autant son essentialité!

Nous n'insisterons jamais assez sur le fait qu'il a une suprême importance, que tu dois l'entourer d'un immense respect et l'accomplir avec une immense tendresse afin que ton sens du sacré lui confère le relief et l'éclat qu'il mérite.

Il va de soi qu'en le différenciant nettement des actes secondaires ou de basse importance, en le mettant à l'honneur et en majorant son unicité, tu majores aussi ses vertus!

Tu sens renaître ici ce qui t'émeut le plus profondément : l'*alliance et la communion dans la grâce omniprésente qui chante et qui est joie.*

Comme l'étoile qui brille au fond du ciel annonce un au-delà de la nuit, la particule d'allégresse,vivante en toi, révèle au-delà de tes ombres, la présence lointaine de ton plus haut destin.

Dans le silence de ton recueillement, tu es là disponible, ouvert à la révélation.

Ce n'est pas une révélation abstraite, extérieure ou surnaturelle que tu attends ; mais la révélation de ta Lumière intérieure, celle qui est cachée en toi, plus réelle et plus vivante que ta propre vie!

Plus précieuse encore que la lumière du soleil, par laquelle tu vois, elle est la Lumière essentielle de l'Esprit *par laquelle TU ES*.

Le Mouvement décisif qui commande le passage du seuil s'exécute simplement, de façon naturelle, dès que tu prends conscience de ta dimension de Lumière.

Il faut dire que ta Lumière intérieure est d'abord un filet imperceptible, une infinitésimale particule de Lumière et que, de plus, elle est ensevelie sous ta carapace de matière, ce qui rendit longtemps son approche incertaine...

Mais tout a changé maintenant. De progression en progression, ton approche a modifié les perspectives et ce que tu découvres, lorsque tu fais ce nouveau Mouvement, dépasse tout ce que ta conscience pouvait concevoir.

Tu seras tenté, au début, de dire que ce que tu découvres est indicible ; mais rien n'est indicible, il y a seulement une incapacité provisoire qui s'oppose à l'expression de ce que l'on ne connaît pas encore suffisamment.

Ce qui était un rai de Lumière près à disparaître sous le moindre nuage, est désormais l'abondance d'une Lumière joyeuse qui t'investit de son épanouissement continu.

C'est comme si tu libérais en toi une source ensevelie car, à partir de cette nouvelle approche, le flot d'allégresse coule en toi, te transporte et t'élève vers une nouvelle Plénitude.

Nous te demandons de vivre intensément le temps de cette révélation.

Prends l'initiative *d'être en ta Lumière,* non plus accessoirement ou par intermittence, mais en permanence sur un point de ton âme.

Tout en restant à ta place parmi les hommes, fais la preuve qu'aucune situation de la vie n'est incompatible avec cet état supérieur où tous les problèmes, d'apparence parfois inextricables, trouvent leur parfaite solution.

La réalité de ton épanouissement est visible en toi *dès que tu commences à être, avec gratitude, avec tendresse et de toute ta ferveur multipliée, en communion de grâce.*

CHAPITRE XII

LE CALME RADIEUX EN SOI

Un acte fondamental

Le recueillement est l'acte nécessaire qui accompagne chacune des révélations qui te sont faites. Plus cette révélation est importante, plus le recueillement doit être profond.

Il est, en quelque sorte, l'hommage naturel et suprêmement respectueux rendu à la vérité révélée.

L'acte de recueillement ne sera jamais encouragé, ni jamais assez apprécié, même pour ceux qui en sont les bénéficiaires et les partisans les plus enthousiastes!

Nous te demandons d'établir ici un lien direct entre le recueillement et la possession, étant précisé que le recueillement est l'instrument par excellence de la possession et que, sans l'usage de cet instrument, on ne possède vraiment rien.

C'est dire par là que, sans cet instrument, on n'est mêlé qu'à des possessions de surface, à des apparences de possession, avec toutes les fragilités, les limitations, les précarités que comporte, par exemple, la possession inutile de quelques gouttes d'eau que l'on presse dans le creux de la main...

Nous te demandons aussi de faire la différence entre les divers aspects du calme en soi.

Le calme de surface a parfois le sens de passivité ou de repliement sur soi. Selon les circonstances, il porte le nom de flegme, impassibilité, impavidité ou imperturbabilité. C'est une opportunité d'être qui est louable en soi, mais qui reste la philosophie d'un ordre organisé sur le plan mental.

Le calme radieux dont nous faisons état revêt une signification beaucoup plus étendue : le calme radieux des sages est un don paisible de soi, un rayonnement intérieur, un épanouissement d'harmonie.

Dès que tu perçois la réalité du calme en toi, tu l'accueilles dans le silence de ta disponibilité plénière.

Alors, durant une courte période, plus rien ne compte. Il n'y a rien d'autre en toi, que ta conscience offerte, le silence, ton âme à l'écoute et le calme radieux qui t'investit, dont tu prends lentement possession.

A ce degré, ta communion s'élargit et devient identification.

C'est lorsque tu t'identifies, lorsque tu es le calme radieux, que ta Possession est totale.

Ton bonheur est de revenir, chaque jour et plusieurs fois par jour, en cet état de recueillement épanoui où tu prends possession de ta Lumière!

Tu as dépassé le stade de l'attente en ce sens que tu n'attends plus rien du dehors ; mais intérieurement tu es toujours en l'attente d'une grâce plus haute!

Tu aspires à la Lumière et cette aspiration fervente, dans le silence de ton recueillement, harmonise ta conscience avec le champ spirituel qui la transcende. Une force sereine t'investit, annonçant la Plénitude.

Ce qui était d'abord le calme en toi, dans le sens d'une absence parfaite de turbulence, devient le calme radieux, l'onde heureuse qui vient de naître et de se révéler.

Le nouveau monde, le monde meilleur, commence pour toi lorsque tu prends possession de ce rayonnement.

Ne te disperse pas sur les superficialités de la vie. *Centre ta ferveur d'être sur l'Essentiel de la vie qui est la Présence immuable d'une sérénité joyeuse en toi!*

Le bonheur d'un calme radieux est en toi. Il est *TON BONHEUR* si tu sais l'atteindre.

Si tu ne l'atteins pas, c'est comme s'il n'existait pas et ceux qui ne l'atteignent pas, ceux qui l'ignorent ou s'en désintéressent, restent pauvres sur leur tas d'or, souffrent de la soif à coté de leur source...

Dès que commencent tes incursions sur le plan supérieur de ta conscience, au temps de ton recueillement, dès que tu t'élèves au-delà de l'agitation et des discordances coutumières, tu es sous le rayonnement de ce champ spirituel qui te pénètre, t'épanouit et te donne une ardeur nouvelle.

L'onde pacifiante descend sur toi, harmonise tes désordres, te place en retrait des contradictions internes qui troublaient encore naguère ta conscience.

Si tu ne revenais pas fidèlement, chaque jour, aux points de ton apogée pour agrandir tes réceptacles, améliorer ta communion et fortifier ta ferveur, le calme radieux que tu commences à percevoir, s'effacerait progressivement et tu en perdrais même le souvenir.

Il ne s'épanouit en toi que lorsque, pouvant l'observer en sa réalité, tu prends possession de son rayonnement.

Cette prise de possession est un acte fondamental.

C'est un acte que tu dois apprendre, que tu dois renouveler sans cesse, avec une application extrême, car la qualité de ta vie dépend de son parfait accomplissement.

Les hommes ont été tellement absorbés, au cours des siècles, par leurs problèmes matériels et les conditions difficiles dont ils ont chargé leur vie, qu'ils ont pris rarement le temps de se consacrer à cet acte *qui peut cependant leur ouvrir toutes grandes les portes de l'espoir.*

Tu sais maintenant comment va se structurer la démonstration que tu vas faire.

Tu sais aussi que *la présence du calme radieux en toi t'ouvre le chemin de la Plénitude.*

« La marche des ténèbres vers la Lumière — comme l'écrit André Chouraqui dans *Information d'Israël* du 29 juin 1973, rendant compte de notre *Pari pour le bonheur* — *est ainsi commencée».*

Tu es attentif aux signes qui se multiplient. Observer ce qui est observable est désormais, pour toi, une nécessité, une obligation et, dans cette occurence, *le subtil bonheur d'être en harmonie.*

Elève ton regard, élève ta conscience, élève ta vie, vers la Lumière qui te pénètre et pacifie ton cœur émerveillé!

Prends conscience, chaque jour, du calme radieux qui est en toi.

Aie soin de ne pas quitter ce sujet tant que cet impératif ne sera pas exactement exécuté car un conseil de cette importance doit être suivi avec une application fervente.

Nous y insistons pour que ce passage de l'enseignement soit considéré comme fondamental et soit parfaitement assimilé.

En maintes circonstances, prendre conscience est vite fait et ne nécessite pas, généralement, une application prolongée.

Il en va très différemment ici, car il s'agit d'un acte spontané certes, mais *d'un élan de la conscience qui lui fait prendre possession d'un état supérieur, un état de calme radieux qui est déjà le commencement de la Plénitude espérée.*

Le temps des Plénitudes commence à partir de cette première tentative et s'étend ensuite *à mesure que la possession de ce rayonnement s'amplifie.*

Ainsi tout est simple, tout est harmonie, car tout est Lumière.

C'est la qualité de ta conscience qui te révèle la grandeur de cette vérité.

Tant que cette révélation ne te touche pas, tu cours tous les risques d'un être désemparé qui s'engage à l'aventure sans aucune protection et qui est la proie de tous les pièges, tel un jeune oiseau imprudent, trop confiant en ses ailes, qui affronte les grands espaces...

Tu entres dans *une phase de recueillement ordonné, préalablement orienté vers le discernement, la réceptivité, la claire conscience et la possession du calme radieux qui transcende la vie!*

Chef d'œuvre du créateur, la vie dont tu as la garde serait-elle aussi éphémère que la splendeur des roses ?

Au regard de l'éternité, ne durerait-elle que l'espace d'un matin ?

Les valeurs inaltérables, qui font vraiment la vie, ne seraient-elles pas immortelles ?

Ne prends-tu pas conscience de leur essentialité ?

La connaissance de ta dimension sereine te permet maintenant de répondre à ces questions.

Avec le calme radieux, dont tu connais périodiquement l'existence sans être encore familier de sa manifestation, tu accèdes au plan immuable de la vie.

Certes, ton accession est d'abord hésitante, lente, discrète, timide en son commencement, car de lourdes charges freinent encore ton mouvement; mais tu te dégages peu à peu de l'inertie, tu te libères de l'inutile et la moindre avance en cette direction t'encourage et te récompense au centuple!

Le centrage optimal de ta conscience sur cette disposition majeure te délivre de la dispersion.

La pré-sélection de tes objectifs est capitale. Le maître à bord, qui commande un navire, n'attend pas d'être sur les récifs pour changer de cap. C'est de loin qu'il voit les obstacles et choisit le meilleur passage.

Tu ne serais plus le maître si les éléments faisaient la loi.

Tu as la liberté de choix. Ni les circonstances de ton actualité, ni les personnes qui ne partagent pas ton idéal, ne doivent choisir à ta place!

Organiser un ordre de vie, pour qu'il soit efficace, est ton œuvre de chaque jour.

Sur le chemin de Lumière que tu as choisi, aucun abandon n'est désormais possible : le calme radieux est une énergie créatrice en toi excluant toute démission. C'est la force immuable des sages qui construisent un monde meilleur.

Alliance avec l'harmonie

A ce point de ton ascèse, tu fais plusieurs observations : tu retrouves au fond de ton cœur tous les émois de ta jeunesse parce que tu n'as pas été sclérosé par le temps. L'argile dont tu es fait ne s'est pas durcie! Ta pureté intérieure a résisté aux impuretés de la vie. Ton âme assoiffée d'harmonie, chante sa victoire dans la Lumière!

Il s'agit, en fait, d'une victoire sur toi-même, d'une victoire sur la vie, d'une victoire qui correspond au passage du seuil où les obstacles devaient parfois être brisés pour être surmontés!

Ta vertu sereine est maintenant évidente. *Elle génère la joie dont tu multiplies l'intensité en multipliant les points de rencontre avec elle,* révélant ainsi son omniprésence, cachée au sein de toute actualité dans la trame du temps.

Le mal existe, d'ailleurs, parallèlement, avec une omniprésence égale, pour ceux qui gardent une vision négative du monde... Les êtres tant qu'ils sont dans leur nuit, ne disposent que d'une conscience négative des choses, des hommes et des événements. Ils ont en eux une sorte d'écran qui fait obstacle à la Lumière et condamne la porte étroite qui conduit au passage du seuil. Leur conscience s'accoutume à ce désordre organisé où l'intelligence ne sert plus qu'à ordonner le chaos, à minimiser ou à neutraliser le mal.

Pour toi, tout est calme, tout est radieux en ta dimension d'harmonie. Ta réalité spirituelle, maintenant révélée en sa pureté originelle, est sous le feu des projecteurs au premier plan de ta conscience.

Pour la première fois peut-être, pour toi, elle est définie et présentée en direct, telle quelle est en sa naturelle simplicité. Pour toi, qui est plus que jamais premier de cordée, tout s'accomplit. Tu n'es plus en attente de grâce lorsque la lumière est en toi. Tu te familiarises avec elle, tu accommodes ton regard intérieur à son rayonnement pour fixer, aux profondeurs sensibles de ton être, l'harmonie du monde.

Pour traduire combien tu es sensible à cette perfection de beauté, *aime de toute ta ferveur l'harmonie et le rayonnement de l'Esprit en sa grâce vivante.* Vivante et non pas abstraite. Observable et palpable en sa réalité. Opérationnelle ici et maintenant, à ta disposition si tu sais t'en servir. Pure énergie en toi qui est ta force et ta joie!

Le mystère reste mystère tant que tu vis à coté de la vérité.

Mais, lorsque tu connais le chemin de la grâce, lorsque tu es touché par la grâce et que tu respectes ses Lois, tout t'est donné. Telle est l'expérience que tu vas faire maintenant.

Ne ménage ni ton temps ni ton application pour accentuer le rayonnement de tes perspectives. C'est le caractère du monde meilleur d'ouvrir toujours de nouvelles espérances!

Lorsque s'est accompli le premier Mouvement vers la Plénitude, ton Destin se fixe sur son plan d'harmonie sous le signe d'un recueillement accentué.

C'est dire que tu ne subiras plus désormais aucune chute de potentiel importante et que, de ce fait, *ta progression sera de haute qualité.*

Elle se traduit déjà par une parfaite égalité d'humeur, équanimité naturelle qui se manifeste en toutes les circonstances et peut même influencer en ta faveur le cours des événements.

Dès lors, tu es moins tributaire des obstacles et des difficultés que tu rencontres.

Ton contentement est intérieur. Ta joie est intérieure. L'harmonie est un état de conscience que tu rejoins à volonté. La Paix est avec toi.

Tout au long de cette période, tu t'appliques à l'observation de ce commencement de plénitude pour en majorer les effets : car ton observation est créatrice : c'est elle qui fixe en toi les valeurs dominantes qui ne courent ainsi plus le risque de se déliter dans l'oubli.

Ton observation centre ta vie sur l'Essentiel, t'oriente vers l'Essentiel.

La réflexion t'incite au recueillement. Le recueillement t'incite à l'élévation. L'élévation t'incite à la communion dans une alliance avec l'harmonie qui est plénitude.

Tu referas chaque jour le chemin de ton ascèse, avec le même émerveillement et le même bonheur, pour que le calme radieux s'instaure en toi, illumine ta vie! Ta réalité d'être succèdera ainsi à ton espérance d'être.

Mais rends hommage à l'espérance qui t'encourage durant les temps difficiles où ta lutte est encore incertaine, soutient ton élan et te pousse, te pousse encore pour que tu domines les pesanteurs qui, de temps à autre, freinent encore ta progression au passage du seuil.

L'espérance allège ton fardeau. La réalité t'en libère.

Sur cette réalité de plénitude va s'élargir maintenant ton emprise.

Elle pousse ton cœur en cette harmonie du monde elle grandit en toi cette harmonie de Dieu! Transpose en toutes choses l'abondance de ses vertus.

Ouvert à l'harmonie, tu es à l'écoute de la sagesse au temps de ton recueillement. Ce qui t'arrive peut arriver à tous et l'enseignement magistral de la sagesse qui t'est ainsi donné, peut être reçu directement par ceux qui sont à l'écoute.

Tu avances vers plus de pureté, tu avances vers plus d'harmonie.

Tu es maintenant au sein de cette harmonie et l'important est de rester pour que ta progression devienne plus verticale.

L'harmonie est omniprésente. Il s'agit, pour toi, d'assimiler cette réalité, de la faire tienne, d'en prendre effectivement possession. Sur ce point précis de l'enseignement, il est nécessaire de centrer toute son attention pour en dégager l'essentiel, pour le mettre en relief et le mettre à l'honneur.

Ainsi la Connaissance essentielle entre en toi par l'usage du discernement et les vertus de ta réceptivité. L'attention diffuse ne permet pas une telle compréhension, *seul le centrage de la conscience sur l'Essentiel permet son assimilation en profondeur.*

On dit fréquemment que les forces physiques sont faites pour être dépensées, non pour être économisées. Nous pouvons ajouter que les forces morales et spirituelles qui sont à ta disposition, sont faites aussi pour être utilisées, pour être mises en œuvre, *pour servir le bonheur des hommes et SERVIR son évolution!*

Mais les forces spirituelles sont en général ignorées ; elles ne sont appelées que très rarement pour être mises au service de la vie, alors qu'elles *transforment les conditions de vie* lorsqu'elles sont conviées à intervenir!

Considère avec une intense lucidité, que la Lumière de l'esprit te donne le rayonnement intérieur et met à ta disposition, avec une inépuisable abondance, la force d'harmonie, la force spirituelle dont tu as besoin.

Branche-toi sur elle. Sois en harmonie avec elle. Place-toi sur le courant de cette Force, dans le style de celui qui aspire le « prana » (force de vie) à chaque respiration profonde.

Prends ainsi à chaque pulsation de ta vie la force rayonnante qui te porte en avant, *TOUJOURS PLUS HAUT.*

Tu es en état de pureté, calme dans ton super-calme, sans notes, sans phrases, sans gestes, silencieux en tes hautes-demeures. Le rayonnement te pénètre, s'incorpore à ta vie, efface tes discordances.

Dans cette réalité du présent, la Lumière qui te pénètre te délivre du mal, te donne une énergie nouvelle, subtile autant qu'efficace, qui te communique la volonté ardente d'être.

Recueille-toi dans le silence de ta pure harmonie, *à l'aise dans ce mouvement de plénitude qui t'apaise comme une bénédiction.*

Ce Mouvement vers la Plénitude, coulé dans son harmonie, la parole de Paix, moulée dans sa tendresse, l'élan du cœur qui révèle l'amour, le calme radieux qui est en toi, sont les instruments, la force et l'efficacité de ta Sagesse.

Tu es à l'écoute de l'Essentiel, ouvert au rayonnement de l'Esprit, ouvert à la haute estime qui te correspond.

Sois, avec l'humilité nécessaire, l'homme des grandes ambitions spirituelles et des vastes perspectives. Sache maintenir en toi, au-delà de la superficialité du monde , le calme radieux qui t'investit, qui est la substance pacifiante de la vie!

Tu es là maintenant, en harmonie de grâce, profondément pacifié. A l'écoute de l'essentiel, tu adoptes le rythme de vie qui te convient et qui t'harmonise avec tes objectifs.

« Toute chose appartient à celui qui la rend meilleur ». C'est pourquoi le jour qui passe t'appartient et l'ensemble de ta vie, que tu améliores sans cesse, t'appartient!

Sois fort comme le vent, épanoui comme l'aurore du jour qui se lève et sans souci du lendemain.

Centré sur l'Essentiel, attentif en ton discernement, l'harmonie te suivra au bout du monde parce que l'harmonie est en toi!

Plus tu avances dans la vie, plus s'ouvrent tes perspectives.

Avancer en âge n'est pas, pour toi, une limitation mais un épanouissement précisément parce que tu ne t'attaches pas aux superficialités de la vie. Au contraire tu te détaches de l'inutile.

Ainsi, toute ton existence prend sa haute signification et ta nouvelle optique du monde est juste. Elle correspond à celle des sages qui ont mesuré l'inconsistance des apparences humaines, dont Theilard de Chardin disait : « Elle m'ennuie à pleurer! »

Pour que le monde devienne meilleur, il serait bon que chacun rentrât chez soi, que chacun rentrât en soi, et retrouvât sa Paix en ses hautes-demeures.

Le monde meilleur a besoin de cette « mutation », de ce retour de l'homme en lui-même. La vie serait meilleure si elle était mieux comprise, si elle était mieux aimée...

Tu es calme en ton harmonie, épanoui dans ta Lumière. Nous souhaitons que tu le sois bien plus encore! Nous souhaitons que ta progression s'accentue, pour que tu te détaches du monde clos, du monde vide et que, faisant alliance avec l'harmonie, dès que le calme radieux est en toi, tu entres dans le Royaume dont tu es le prince.

Eloge de la douceur

Le calme radieux en toi, c'est la Paix intérieure ; mais, au stade supérieur, c'est la douceur en toi qui annonce la grâce, cette alliance entre la conscience et l'âme, cette communion entre l'âme et l'Esprit, sans laquelle la Lumière ne serait pas pleinement active en toi.

La douceur spirituelle n'est pas un état d'âme à l'eau de rose, comme certains observateurs de surface pourraient le croire... C'est un état de rayonnement qui est la résultante d'une harmonie préalablement établie.

C'est un état d'harmonie qui s'intègre à la réalité de la vie et qui se traduit par un discernement supérieur de l'Essentiel, par une interprétation pacifique du monde et devient visible en tes réactions, en tes propos et en tes actes.

L'homme meilleur du nouveau monde ne sera ni agressif ni tourmenté par les colères d'autrui ou les siennes propres. Il sera le serviteur de l'humanité, parce qu'il aura l'intelligence de la fraternité, l'intelligence de l'Amour et que la douceur rayonnante de ses intentions assurera la pureté de ses actes.

Il faut plus de courage, en face des événements, pour rester doux et calme, que pour être dur, excessif, vengeur ou querelleur.

Mais tu sais maintenant où est ton Royaume.

Tu sais ce qu'est la douceur d'être et que tu peux, avec elle, au cours de ton recueillement, recevoir la Lumière en ton cœur émerveillé!

C'est un fait, renouvelable indéfiniment, un fait observable à chacune de ses manifestations, un fait donc qui est vérité.

Ton expérience s'architecture désormais sur cette vérité dans la certitude magistrale qui te lie à elle pour démontrer de plus en plus l'efficacité de ses vertus.

L'amour, lorsqu'il est intense, devient naturellement passionné ; mais, pour définir tes rapports avec l'être psychique en toi qui est réceptif de Lumière, nous avons à parler de tendresse pour que la douceur en toi soit toujours présente, aussi bien en tes rapports spirituels qu'en tes rapports à tous les niveau, avec les autres; car ces rapports ne seraient pas exactement ce qu'ils doivent être s'ils ne s'accompagnaient de douceur.

Faisant ainsi l'éloge de la douceur, qui fait partie des attributs du sage, nous signalons au passage qu'elle détermine une harmonie de vie et, plus exactement qu'elle épanouit une harmonie d'être.

Par voie de conséquence, nous pouvons affirmer que l'absence de douceur engendre la dureté, la hargne, la violence et parfois la haine, vices inconnus de la sagesse et facteur d'usure qui ruine insidieusement les structures internes de la vie.

Dans cet art supérieur de vivre que nous voulons promouvoir en toi pour que tu te présentes en conditions optimales au moment de faire le troisième Mouvement vers la plénitude, la douceur, qui est la sœur jumelle de l'humilité, est obligatoire.

Nous précisons ici le caractère très secondaire de la douceur-mièvrerie qui s'apparente à l'inconsistance et s'étale seulement en surface, dissimulant parfois le trouble des profondeurs. Nous parlons de la douceur substantielle qui s'épanouit au cœur de la vie, révélant ainsi sa nature divine.

La douceur est l'état naturel de la conscience dès qu'elle accède à sa dimension spirituelle. C'est là sa qualité fondamentale.

C'est l'apanage des conscience en cours de mutation et d'évolution de n'être jamais en opposition, mais toujours en harmonie avec la Lumière intemporelle qui les guide, non dans une condition statique mais en élévation continue sur la trajectoire de leur plus haut destin.

CHAPITRE XIII

TROISIÈME MOUVEMENT VERS LA PLÉNITUDE

Naissance d'un autre monde

En ce point de ta progression tu dis ta gratitude émerveillée pour tout ce qui t'est donné en ce monde; mais ta gratitude serait bien plus émerveillée encore si tu savais tout ce qui t'est donné et que tu ne prends pas encore!

Cependant, tout est bien car tu grandis en Sagesse et ton évolution intérieure se fait presque à ton insu.

Donne un ordre harmonieux à l'ensemble de ta vie.

Sois en harmonie plénière, calme, détendu et joyeux, en communion avec l'universelle plénitude dans laquelle tu es immergé!

Qu'aucune décision importante ne soit prise, qu'aucun acte important ne soit accompli si tu n'es pas, au préalable, en communion d'harmonie.

Ainsi l'exercice de ta liberté ne te sera plus une charge, ne donnera plus lieu à de longues hésitations et te deviendra la plus intense des joies.

Entre l'état d'harmonie et l'état de grâce, il n'y a que la différence qui existe entre la qualité des plans : l'harmonie est l'ordre supérieur de la condition humaine, la grâce est l'harmonie radieuse de l'Esprit.

Par la pratique du recueillement tu t'orientes vers une permanence d'harmonie qui t'éloigne des superficialités du monde et te rapproche de tout ce qui est essentiel, dans une émouvante fraternité!

Tu découvres maintenant que l'amour de l'essentiel est le lien le plus inaltérable qui puisse unir les êtres et que le monde appartient à la sagesse joyeuse, aux passionnés, à ceux qui s'ouvrent immensément à la plénitude de leur Lumière.

La fin d'un monde et le commencement d'un autre monde ne s'accompagnent pas nécessairement de bouleversements cosmiques ou de catastrophes généralisées... sauf si la masse dominante, que nous appelons le Nombre, s'oppose obstinément à l'évolution de l'espèce et constitue dès lors un danger pour elle.

Lorsque les forces de l'évolution sont encore intactes, comme c'est le cas présentement pour notre civilisation, les changements fondamentaux de l'évolution s'effectuent imperceptiblement selon une progression organisée, comparable à la succession et à l'alternance des saisons et concernent essentiellement la qualité de notre conscience en la qualité de notre vie.

L'extrême lenteur de cette progression, à l'échelle de notre vie temporelle, n'exclut pas pour autant la persistance de son orientation. Le passage d'un plan élémentaire aux séries successives des plans supérieurs fait partie de nos finalités lointaines.

Cependant, le passage de la porte étroite qui sépare deux dimensions différentes, ou deux états différents de la conscience, ne demande pas des dispositions paranormales, ni une concentration particulière de la volonté qui dépendrait du mental. Le passage de la porte étroite qui sépare les mondes ne relève pas d'une application ou d'une spécialisation de l'intellect.

L'évolution de la conscience, d'un plan à un autre, dont nous tentons ici de cerner le cheminement est, à la fois, beaucoup plus simple et beaucoup plus complexe qu'il n'y paraît.

Beaucoup plus simple qu'on ne pourrait le supposer puisqu'il s'agit, en fait, pour la conscience, d'être disponible, réceptive et en état d'épanouissement.

Beaucoup plus complexe, si l'on considère que les habitudes acquises, les associations d'idées, les automatismes de pensée, jouent contre cette disponibilité nécessaire, jouent même contre la liberté de choisir et que, pour retrouver cette liberté, la compréhension des dimensions supérieures de la vie devient alors rigoureusement obligatoire.

Là, seulement, réside la difficulté majeure qui freine l'épanouissement des êtres, c'est-à-dire leur évolution.

Il serait vain de croire que cette difficulté est négligeable.

En effet, le plan mental, centré en permanence sur les activités de sa nature, ne connaît pas spontanément son plan supérieur, que nous appelons son plan de Lumière et qui est le plan de sérénité.

Sa formation cartésienne, limitée seulement au plan logique, non seulement maintient l'homme rivé sur ce plan, où il excelle, mais l'incite généralement à refuser les avertissements, les signes, les appels toujours renouvelés, qui lui parviennent de ses plans supérieurs.

Les deux premières Mouvements vers la Plénitude se sont faits en toi et par toi. Ce sont les Mouvements, aux divers niveaux de ta conscience, qui t'ont porté successivement vers l'apaisement intérieur, vers le calme radieux, vers l'harmonie et le commencement d'une première Plénitude.

Ce Mouvement-ci est d'une autre nature.

Ce n'est pas un Mouvement résultant d'une expérience acquise, que tu fais par la discipline d'une volonté délibérée : c'est un Mouvement qui se fait en toi, presque indépendamment de toi.

C'est un Mouvement qui te porte, te transporte et t'élève, un peu comme ces colonnes d'air ascendantes drainant vers les cimes les courants inférieurs des plus profondes vallées.

Tu es, en quelque sorte, aspiré par son élan.

Non pas attiré malgré toi ni forcé par sa puissance, mais en alliance avec elle, lié, harmonisé à son épanouissement.

Nous insistons sur ce point pour bien marquer qu'il ne s'agit pas d'un choix indifférent ou hasardeux et encore moins, bien entendu, d'une contrainte à quelque niveau que ce soit, mais d'une élévation naturelle vers une communion suprêmement harmonieuse et profondément consentie, telle que peuvent la réaliser, en leur pureté originelle, toutes les âmes de la Terre, qui sont les âmes de Dieu et qui aspirent à mieux être.

Après le passage de la porte étroite, lorsque tu as franchi le seuil de lumière, tu es donc entraîné pour le courant ascendant, que nous venons de décrire, vers une dimension inconnue de tes hautes-demeures, où s'exaltent des vertus qui ne sont pas encore à ta mesure, mais qui exercent déjà une influence bénéfique sur les virtualités secrètes de ta condition d'homme.

Nous te le disons ici et tu ne tarderas pas à le vérifier par ta propre expérience : tu reviendras chaque fois de cette incursion sur ton plan d'harmonie, auréolé d'un nouveau rayonnement.

Recueille-toi, ici même, avec un infini respect, sur cette prestigieuse manifestation, pour augmenter toujours davantage ta réceptivité et pour épanouir vers la Lumière les réceptacles de ton âme.

Cependant, ne considère jamais l'élévation acquise comme un aboutissement pouvant laisser entendre que tu es parvenu à la suprême Sagesse.

Telle est, en sa réalité, l'humilité dont tu dois faire preuve. Tout comme nous, tu ne sais rien ou peu encore, par rapport à ce que tu ignores ; mais tu aspires à la connaissance et c'est là ton mérite, ta raison d'être et ta joie!

Nous venons de vivre ensemble une révolution dans l'Évolution que nous avons désignée par le troisième Mouvement vers la Plénitude.

Il est nécessaire que tu saisisses bien que cette numération n'est pas limitative.

Nul, sur cette Terre, ne définira jamais l'ultime Mouvement vers la Plénitude, car la Plénitude absolue, qui est celle de l'Esprit, est inaccessible aux consciences de notre imparfaite condition.

Cependant, tu te rapprocheras davantage de la vérité chaque fois que tu percevras un rayonnement d'âme au cours de cette manifestation; car ton âme en substance de grâce dépasse en Sagesse, comme en Connaissance, tout ce que ta conscience mentale est capable de concevoir.

Parce que tu es homme parmi les hommes, à l'épreuve de ta liberté, tu resteras encore longtemps confronté avec les complexités de la vie.

Mais, pour toi, désormais, il existe un idéal refuge où rien jamais ne peut être compliqué : le refuge de ton plan d'harmonie. La «complication», ce qui trouble un ordre établi, ne concerne pas le plan de ta sérénité acquise.

Il suffit, pour qu'il en soit réellement ainsi sur tous tes plans, que l'harmonie du nouveau monde, qui est désormais le tien, entre en toi, vive en toi, rayonne en toi, chante en toi!

Le troisième Mouvement vers la Plénitude, dont nous venons de définir la nature et l'ampleur, est donc spécifiquement un Mouvement d'âme qui s'exerce grâce à la pureté intemporelle de l'âme.

Ce nouveau palier de ton Evolution est le plus important que tu n'aies jamais abordé.

Certes, il était depuis longtemps annoncé ; mais les messages annonciateurs ne possède qu'une vertu relative tant qu'ils restent à l'état d'abstraction ; car l'espérance, la foi, l'intuition même qu'ils suscitent, ne remplace pas la première et la précieuse certitude qui harmonise la réalité observable dans le psychisme des hommes.

Tu sais maintenant que ta conscience de Lumière est la Connaissance réelle, effective, concrète de ton âme vivante.

Nous insistons sur ces qualificatifs multiples car il importe, plus que jamais, de sortir définitivement du monde confus des hypothèses.

Nous ne formons pas des images poétiques pour en renier ensuite l'exactitude. Nous insistons non seulement sur le fait que cette exactitude existe, mais sur le fait qu'elle est maintenant dépassée, amplifiée, non en sa réalité définie, qui est immuable en sa perfection, mais par la qualité de ton regard intérieur, la qualité de ta Lumière qui te permet l'approche de la Plénitude, en ce troisième Mouvement de ton ascèse.

Pour toi, désormais, l'harmonie du monde meilleur auquel tu accèdes, est une plénitude qui chante en toi comme un rayonnement d'âme.

C'est donc essentiellement vers une culture d'âme que nous orienterons ultérieurement tes aspirations.

Un rayonnement d'âme

Tu ne soupçonnais pas que ce troisième Mouvement vers la Plénitude déboucherait sur cette radieuse perspective!

Nous t'avions cependant laisser entendre qu'en ce domaine nous avions tout à apprendre du monde inespéré que chacun porte en soi.

En ce qui concerne l'espérance, elle se trouve, ici même, immensément dépassée.

Le calme radieux que tu gardes est digne de ta nouvelle mutation. Il honore et justifie ta confiance.

Pour fêter cet événement, nous allons matérialiser en ta vie, par des actes précis, la présence effective du monde vivant, que nous disions inespéré tant que ta capacité d'espérance ne s'étendait pas jusqu'à lui.

Ces actes que nous livrons à ton sens le plus pur du sacré, comme à ton application la plus parfaite, les voici.

Dominer naturellement et sans le moindre effort les superficialités banales.

Imposer ton essentialité.

Conférer, par cela même, à l'ensemble de ta vie l'unité de son rayonnement.

Tu es en présence d'une manifestation inconnue qui n'est pas invraisemblable, paranormale ou fantastique, mais tout simplement surnaturelle, c'est-à-dire qu'elle est, pour le moment, au-delà de ta nature, de ta nature qui va s'adapter à la manifestation et s'en rendre digne.

Nous pouvons préciser, dès maintenant, que le rayonnement de ta

Lumière intérieure ne te quitte jamais. La Lumière omniprésente de l'Esprit est la Lumière omniprésente de ta vie.

Tu participes désormais activement à cette vie de haute qualité et tu t'intègres effectivement à sa Lumière lorsque l'Harmonie universelle du monde nouveau t'élève vers la Plénitude de ton rayonnement d'âme.

A ce point de ton ascèse, tu t'incorpore à un Mouvement ascensionnel.

Il nous reste maintenant à te dire le sens de ce rayonnement d'âme, qui ne remplace pas la Lumière reçue, mais la complète et l'intensifie.

C'est la Lumière d'un autre monde, venue d'une « autre rive »; c'est le rayonnement de l'âme universelle qui, des confins de l'éternité, épanouit dans son harmonie plénière la pure substance de ton âme.

C'est le point de départ pour d'autres ascensions, vers d'autres Plénitudes!

Lorsque nous disons que la joie chante en toi, que la vie chante en toi et qu'en toi chantent les sources, il peut s'agir encore d'une harmonie abstraite, d'une harmonie suggérée par la musique des mots qui reste en effleurement sur la surface de la vie...

Mais voici qu'à l'orée du nouveau monde une révolution se produit, qui bouleverse profondément en toi les règles coutumières de l'impact.

Il ne s'agit plus, dès lors, de réactions secondaires, ni de gratter la mince pellicule du sol pour que de maigres semences engendrent, au gré des saisons, des récoltes banales.

Nous touchons ici, par un gigantesque bouleversement, les couches inexplorées qui n'ont pas été fertilisées par les sources et qui recèlent, au sein de leur substance, l'inépuisable richesse de leur inimaginable fécondité!

Ceci est écrit pour que tu centres ton attention, dans le recueillement le plus pur et le plus épanoui, *sur le fait nouveau qui entre en ta vie avec l'harmonie de ta dimension sereine.*

Car il ne s'agit pas seulement ici d'un bonheur d'homme qui chante en toi, ni d'une allégresse qui exalte, de temps à autre, tes plus hautes espérances, il s'agit comme nous l'avons annoncé en toutes lettres, *d'une Plénitude qui chante en toi comme un rayonnement d'âme!*

Sur ce point précis, nous souhaitons que ton recueillement se manifeste et se continue avec une intense ferveur.

Ton âme est la pureté en toi, le rayonnement en toi.

Elle est ce que tu as de plus précieux. Elle est ton bien le plus inaltérable et le plus éternel. Elle est ta réalité la plus vivante.

Prends possession de son rayonnement pour qu'elle ne soit pas une réalité abstraite ou hypothétique, une valeur secondaire dont tu te préoccuperais accessoirement...

Qu'elle soit à la place première qu'elle doit occuper en ta vie pour que son rayonnement de bonheur s'étende sur l'ensemble de ton Destin!

Les êtres coupés de leur âme, qui contestent même sa réalité, ressemblent en un certain sens à des insectes privés de tête qui se débattent dans l'agitation d'une longue agonie et qui sont déjà touchés par la mort...

C'est là une partie importante de l'enseignement que tu dois mettre en pratique en toute priorité, pour que ton âme soit présente aux heures décisives, pour qu'elle participe à l'harmonie de ta progression et lui donne l'éclat qu'elle est seule capable de lui conférer.

Fais alliance avec ton âme.

Que cette alliance soit plénière et active.

Ton âme qui est ta réalité la plus pure, sera ainsi présente au sein même de ta vie et donnera à toute ta vie la marque de son essentialité.Par cette alliance avec ton âme, une harmonie radieuse s'instaure en toi par une complémentarité parfaite de tes divers niveaux.

De cette heureuse conjonction résulte aussitôt une facilité, une absence d'effort, une aisance dans le Mouvement vers la Plénitude, comme la longue coulée de la brasse lorsqu'elle propulse le corps du nageur dans le sens du courant!

Tu n'es plus à contre-courant lorsque tu es orienté vers la Lumière, vers ton âme qui reflète la Lumière de l'Esprit.

Le rayonnement d'âme illumine ta vie dès qu'a été consentie, réalisée et scellée la bienheureuse alliance!

C'est là le point de grâce où ta vie superficielle et périphérique s'élève et s'identifie à la vie essentielle de tes haute-demeures.

Te voici maintenant à pied d'œuvre, tendu vers ton apogée, ouvert à la Lumière alors que tout ce qui est pur en toi converge vers la grâce.

En ces premiers jours du troisième Mouvement qui te porte vers la Plénitude, nous te conseillons la pratique effective de cette convergence pour que tu ne t'attardes pas sur les aspects secondaires de l'action.

Un fait nouveau va entrer dans ta vie comme une apothéose : la réponse immédiate à ton action est la convergence de la grâce vers toi.

C'est une convergence qui t'exalte parce qu'elle constitue un état bienheureux de bénédiction dans un commencement de Plénitude!

Ainsi tu es désormais protégé par la grâce.

C'est la nouvelle réalité de ta vie car, jusqu'ici la grâce n'exerçait sur toi qu'une protection intermittente et dans les périodes de non-protection, tu revenais à des niveaux élémentaires...

Maintenant, il n'en sera plus ainsi. Ta Lumière sera toujours présente et la grâce qui l'accompagne sera toujours vivante en toi, au point précis où tu communies avec elle!

Tu t'abandonnes à la grâce reçue et, pour la première fois, ton abandon prend la haute signification d'union plénière dans l'harmonie.

Larmes de joie

Au cours de ce troisième Mouvement vers la Plénitude, il t'arrivera d'être investi par une allégresse d'une telle intensité qu'elle dépassera tes réceptacles.

Troublé, au plus secret de ton cœur, profondément ému, tu verseras peut-être des larmes de joie. Au regard des tiers, il pourra sembler que c'est un signe de faiblesse et tu ne disposes d'aucun moyen pour les convaincre qu'il s'agit de bien autre chose!

En réalité, c'est un signe de libération et de purification de tes canaux les plus essentiels.

Ta vraie nature, la plus sensible et la plus profonde, révèle ainsi son émoi. Tu fondrais en larmes, même devant le public, si tu ne te contraignais pas , parce que ton cœur fond de gratitude, de tendresse et d'amour!

Pour ne pas prêter davantage à la confusion, il convient de

dominer cette extériorisation et de garder pour toi seul, au secret de ton âme, les larmes d'allégresse qui sont le plus bel hommage que tu puisses rendre à la divine harmonie.

Te dominer, en cette occurrence, ne veut pas dire te contraindre ou refouler un élan dont tu connais l'inestimable éclat.

Te dominer veut dire : ne pas laisser paraître plus que tu ne veux laisser voir. Nos recommandations , à cet effet, sont les suivantes.

Lorsque tu te sens submergé par l'élan intérieur, en présence de tiers, garde un instant de silence, pour ne pas être trahi par les intonations de ta voix. Ensuite, ferme joyeusement ton regard intérieur, pour que rien ne filtre au dehors de ta magnificence sereine, pour ne pas donner aux autres le spectacle d'un déferlement dont le sens leur échappe.

Mais, lorsque tu retrouves ta solitude, donne libre cours à l'émotion qui te saisit. Libère-toi ainsi du complexe de l'émoi et sache bien que la sensibilité de ton psychisme n'est pas une faiblesse, mais une force.

La dure carapace de matière qui protège tant de formes de vie, n'est pas la vie; c'est pourquoi elle est insensible à ce genre d'émoi. La vie intérieure est protégée, semble-t-il, par les endurcissements qui l'entourent : mais lorsque tu reçois le flot d'allégresse qui émane de ta dimension de Plénitude, c'est ta substance-vie qui s'émeut d'être vie et rayonne, en sa pureté, le bonheur d'être vie!

C'est pourquoi ta nouvelle sensibilité traduit la pureté de ce nouvel état de grâce. Il convient simplement, pour éviter toutes interprétations erronées, qu'elle prennent la forme du rayonnement sans prendre la forme des larmes.

Larmes de joie, larmes de peine, expriment le bouleversement intérieur. Mais, le rayonnement d'âme qui te pénètre est le bouleversement suprême de ton psychisme, avec lequel tu vas te familiariser pour harmoniser, sans la moindre ambiguïté, son extériorisation.

Dans le silence et la solitude de ton recueillement, lorsque tu vis en ta dimension de Plénitude, tu laisses couler les larmes, infiniment précieuses, qui sont le témoignage de ta plus haute allégresse!

Par là, tu prends conscience que le franchissement du seuil de Lumière constitue réellement la révélation d'une Connaissance, la révélation d'une dimension supérieure de l'homme et la révélation du monde inespéré qui est en lui!!!

Si cela ne devait pas compliquer exagérément la tâche des typographes, nous dirions qu'il faudrait un triple point d'exclamation convergente pour souligner la description d'un état de grâce, qui dépasse par son intensité, les dimensions coutumières de l'émoi.

Nous avons évoqué la sensibilité extrêmement subtile qui se révèle à toi lorsque la Plénitude t'accueille, lorsque l'allégresse déborde de tes réceptacles et lorsque tu pleures d'une trop vaste harmonie!

Laisse couler en toi ces larmes de joie, des larmes de victoire qui marquent ton entrée sur la plage sereine!

Laisse couler longtemps, longtemps, longtemps en toi ces larmes de bonheur.

Reste longtemps abandonné à la grâce recue.

CONCLUSION

VERS LE DESTIN DE LUMIÈRE

Tout au long de ce livre, nous avons parlé des états supérieurs de la conscience, de la dimension spirituelle de l'homme et de son plan d'harmonie.

Nous avons montré qu'un monde meilleur existe et qu'une sérénité immuable est à notre portée, en nos hautes-demeures, après le passage du seuil.

Nous avons rarement parlé de Dieu.

Mais il ne viendra à l'esprit de personne que nous considérons l'homme comme un ensemble autonome, évoluant de lui-même, par les seules vertus de son essence, sans attaches avec sa divinité.

Chacun de nous porte en lui, au cœur de son âme, l'Esprit de Dieu qui le transcende et lui donne la vie.

A ce Dieu de tous les hommes et de tous les temps, qui vit au plus pur de notre substance, à ce Dieu qui est Intelligence créatrice et Amour, Harmonie et Lumière, nous disons notre gratitude infinie.

Comme nous l'avons écrit en 1970, au temps de notre *Jeunesse sans déclin*, le bonheur et la Paix, tributaires l'un de l'autre, ne déserterons pas la Terre tant qu'un rayon de cette Lumière continuera de briller au fond de nos cœurs.

Non seulement, il continueront de briller dans le tien, ami lecteur, mais depuis que tu as franchi la porte étroite qui te séparait de ta Plénitude, il n'y a plus de ténèbres en toi.

Tout est calme, tout est radieux en ta conscience apaisée ; tout est allégresse lorsque ton âme est réceptive.

Tu as dépassé le stade de l'attente et tu ne considères pas l'espérance comme une fin en soi. Certes, elle t'incite à l'aspiration fervente et continue et, dans ce sens, elle est infiniment respectable et nécessaire; *mais la réalité saisie et vécue vaut beaucoup plus que tous les espoirs!*

C'est ta propre évolution qui est en cause et c'est ta progression effective qui est essentielle.

Que ta vie ardente reste fermement orientée vers cet idéal de plénitude pour que le style de large continuité, que nous avons adopté dès le début, garde sa coulée harmonieuse et donne à l'ensemble de ta démarche le sens d'un épanouissement calculé.

Nous disons *calculé* par opposition à démesuré ou exalté ; car l'épanouissement de ta conscience vers les perspectives de son devenir, repose sur des critères bien définis, sur des réalités qui sont observables dans ton comportement, dans la pratique et la conduite de ta vie quotidienne.

Les remous de surface, qui troublaient encore naguère ta sérénité, se sont maintenant apaisés. L'ensemble de ta vie prend désormais racine aux sources.

Libérée des contraintes de la nuit, une Lumière nouvelle investit tes canaux. Tu adoptes maintenant un style de vie qui exclut toute précipitation. Ainsi, tu mets de l'ordre en tes activités, tu élimines progressivement ce qui est inutile ou secondaire, de sorte que des heures qui étaient gaspillées et perdues te deviennent disponibles.

Dès lors, parce que ta vie n'est plus une course contre la montre, tu peux vivre selon tes goûts, avec lenteur, avec mesure, en harmonie avec tes objectifs!

Ton style de vie comporte la halte heureuse en tous ses temps : le temps de lire, le temps d'écrire, le temps de réfléchir, le temps de te recueillir, le temps de t'épanouir.

Nous dirions même : *le temps d'être*, si tu veux bien entendre par là, être au meilleur de toi-même, détendu, confiant, en symbiose de grâce avec la Lumière, pour que l'enseignement de ce livre ne débouche pas sur une espérance d'harmonie mais pour que chaque jour de ta vie soit, en sa réalité, le jour d'allégresse et le jour de victoire!

La réussite de ta vie est faite de dépassements continus. Ne t'arrête jamais, va toujours de l'avant car, sur la voie montante, tu poursuivras indéfiniment la prestigieuse ascension vers les cimes.

C'est pourquoi nous te donnons rendez-vous à notre prochain livre : *Le destin de Lumière* où nous découvrirons ensemble le rayonnement de nouvelles perspectives.

D'ici là, que la sérénité joyeuse de ton nouveau style de vie démontre ses vertus!

" Sforza ", octobre 1973-octobre 1992

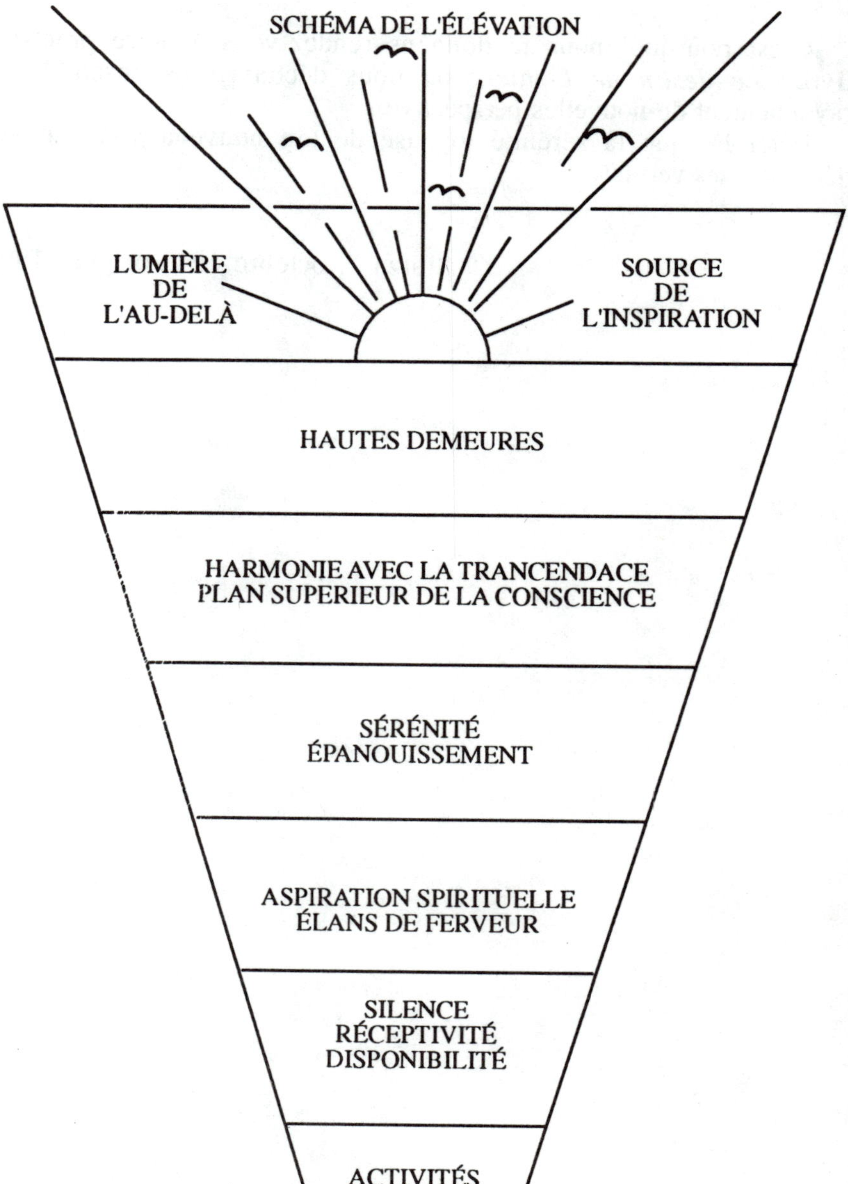
SCHÉMA DE L'ÉLÉVATION
LUMIÈRE
DE
L'AU-DELÀ
SOURCE
DE
L'INSPIRATION
HAUTES DEMEURES
HARMONIE AVEC LA TRANCENDACE
PLAN SUPERIEUR DE LA CONSCIENCE
SÉRÉNITÉ
ÉPANOUISSEMENT
ASPIRATION SPIRITUELLE
ÉLANS DE FERVEUR
SILENCE
RÉCEPTIVITÉ
DISPONIBILITÉ
ACTIVITÉS
MENTALES

TABLE DES MATIÈRES

ACHEVÉ D'IMPRIMER
EN MAI 1993
SUR LES PRESSES DE
L'IMPRIMERIE DU PAQUIS
70400 HÉRICOURT
DÉPÔT LÉGAL : 2e TRIMESTRE 1993

IMPRIMÉ EN FRANCE